2020！

疫情散文随笔集

Prose Jottings on the Pandemic

严力 王渝 邱辛晔 主编

梅丹理 英文审阅

易文出版社

2020！

疫情散文随笔集

Prose Jottings on the Pandemic

主编： 严力　王渝　邱辛晔
英文审阅： 梅丹理

艺术作品和插图： 毛毛　徐进　云枫　严力
封 面 图： 徐进
责任编辑： 冰寒
美编设计： 王昌华
校　　对： 江南

出版： 易文出版社
ISBN： 978-1-940742-56-4
定价： $24.99

本书惠承乐俊民严赛虹基金会赞助出版

目　录

附录 本书精选片段英译
English Versions of Selected Passages

<—— 哨子与口罩（严力作品）

冰 果

春·夏：纽约笔记

4/9/2020

春华易逝

这几天读佩索阿的《惶然录》，一本"仿日记"随笔集。窗外，救护车的呼啸声在狂风暴雨中此起彼伏，"惶然"是对已知及未知世界多么恰如其分的形容。

我是一个擅于选择性遗忘的人，写日记的习惯在高中毕业之前已经戒掉。所以，从纽约"封城"至今，没有认真写过只字片语。今天，或许是受了佩索阿的启发，觉得应该手录一点本能抗拒的记忆，哪怕写出来的只是不成文章的碎片、残想，也是一抹印象吧。

雨后，阳光洒向地面。开白色花的树已经隐约可见新绿。杏花颜色转深，八重樱被大楼一侧挡住，只能遥想她的身姿。每天困于居所，日子周而复始，室外植物外观的变化提醒我们——一年之中最美的早春即将流逝……对于纽约人来说，只要能平安幸存于这场超乎想象的巨大灾难，辜负春华简直是不值一提的代价，尤其和几千位已经魂归天国的市民相比，我们至少还能盼望下一个春天。

政客如是说

各国政客、各类全球组织的发言人，在各种场合的每一番话，都不能尽信，特别是言之凿凿的那部分。人类目前对 COVID-19 没有完整、全面的了解，我们并不知道 the truth，每一天都有新的见解推翻前一天的认知。对各种信誓旦旦保持警惕，审视各类信息，多渠道印证重大消息，特别是喜人的好消息。[1]

---

[1] 背景文字段落，已翻译为英文；见本书附录。

4/10/2020

复活节

封城后迎来了第一个（宗教）节日：今天是 Good Friday（耶稣受难日），后天是复活节。基督徒认为，复活节象征重生和希望。今早，在窗外小鸟儿啾啾啼鸣中醒来，阳光映亮了窗帘——多么平常的一个清晨，直到打开电视、手机，疫情新闻铺天盖地迎面袭来。昨天，纽约又有 777 人不幸丧生，他们不可能在周日复活，但是定会在另一个时空重生……

社交

有人预测：人类社交行为将长久改变。我同意。何止与他人的互动，连个人独处时的习惯、生活方式、价值观都将永远改变。疫情之后，多少纽约人敢毫无顾虑地与新朋旧友握手、拥抱、行贴面礼？推杯换盏之前大约需要出示"健康证明"。我想起一个传说：成人影片工作者开工之前要向同事、剧组亮出体检单，以证"身家清白"。一想到将来纽约人去 Happy Hour 的风险等同和陌生人 One-night Stand，心里卷起急风骤雨。Zoom，以及类似的 app，很可能将是社交生活的长期方案。

4/13/2020

烟雨迷蒙

整天烟雨迷蒙。眺望居所北侧 Little Neck Bay，水天一色灰，如果不是海湾东岸的树木在两者之间涂出一抹忧郁的黛色，真的很难分出水、天之别呢。

在纽约住久了，已经习惯于骤雨骤晴的气候。春光明媚也好、狂风暴雨也罢，除了欣然接受，别无他选。

梦

最近做过几次关于疫情的梦，醒来后记不清细节。隐约记得一个"防疫物资被坏人埋在地下不给民众使用"的。

公司 HR 频繁发出各类在疫情期间如何防护的信息，其中包括心理健康的。纽约州也广泛招募心理医生，开放热线倾听民众心声、舒缓精神压力。昨天严力老师转发了一个笑话：挪威的心理医生在报纸上说"如果停工、停学在家长期独居后，慢慢对着墙啊、家里的花花草草啊说话，完全是正常现象，但是如果它们回话了，请一定联系我们"。我希望美国的心理医生也能给出类似指导，这样我就知道应该在第几次梦见口罩被坏人藏起来之后打热线电话。

牺牲的牛奶

昨天从 CNN 晚间新闻里看到：绵延数里的车辆排队等 Food Bank 工作人员发放救济食品；另一方面，奶农倾倒牛奶、农场主开着农耕机械碾压长势良好的四季豆……我联想起上个月荷兰花农把成千上万枝娇嫩的郁金香铲进垃圾车的视频，简直令人心碎。CNN 主播和嘉宾们对着画面唏嘘不已，呼吁方案出台，把因市场需求剧减而产生的多余农产品直接送到饥饿民众的餐桌上。任由无奈的农民暴殄天物而不作为实在是犯罪。

联邦、地方政府之间虽然各司其职，在特殊时期应该加强合作。问题是：如何在不干涉自由经济的前提下做出宏观协调？"看不见的手"恐怕要在短期内 visible 一下，在生产者和消费者之间架起临时的桥梁。

披头散发

一个月的居家办公生活，让大部分上班族变得不修边幅。我几乎每天睡到上班前 15 分钟。以前天天洗头发，现在偶然为之，离蓬头垢面不远矣。昨天笔会的文友们通过 WebEx 第一次尝试了"云聚会"。我因为头发蓬乱羞于出镜而缺席。后悔没有在封城之前买一支 dry shampoo，现在物流迟缓，这种非必需商品估计一个月也未必到货。就这个话题，和几个朋友闲聊起疫情期间打理个人卫生的事儿，发现大家都是天天洗澡，偶然洗发。可见我并不孤独。

4/14/2020

又做梦了

上次剪发是春节之前。由于担心病毒在法拉盛偷偷传播，近 3 个月来一直没敢去找发型师。昨晚一照镜子——头发和水培的香葱一般长势喜人，索性洗了洗头。发根儿一清洁，头脑格外机灵，今早还记得昨夜的梦：北京的家人收留了一位无家可归的肺炎感染者，没有戴口罩就给他送食物，把我吓得瑟瑟发抖，朝他们从头到脚狂喷酒精。按照朋友简简的判断，是时候联络心理医生了……

写小说的高手们，不妨收集一下朋友们居家避疫期间做的"抗疫"梦做素材，写一本小书，保证荒诞又写实，比肩卡夫卡。

果腹

煎 bacon、荷包蛋的热情已经冷却。今天早餐吃的清粥、日式小咸菜、avocado 抹烤面包片。邱先生在家蒸花卷，很想向他网购 10 个。Sara 也分享了卖广式面点的商家信息，只收现金。

昨天发现从韩国超市买的豆芽放坏了，只能扔掉。冷风里排了几十分钟的队打仗一样买回来的菜，又用酒精仔细消毒了外包装，最后扔进垃圾桶，心痛。摄影家阮克强先生在朋友圈晒自己家发的绿豆芽儿，水灵灵的，新鲜可人。我还有半袋绿豆，数出 200 粒试着发一下。

米其林三星

昨天葛文潮先生的日记里提到曼哈顿米其林三星餐厅 Eleven Madison Park 每天为医护人员做 1000 份单价$6 的盒饭。平时这样的餐厅一座难求，价格奇贵。现在放下名店的身段烹调"抗疫"餐，既方便了一线人员，又保留了内部员工的一些岗位。善举。

赠人玫瑰

今天看到一条新闻：犹他州一个苗圃，由于零售业客户大量取消订单积压了成千上万的盆栽花卉。他们在义工和 UPS 的帮助下，尽力把植物送给民众。苗圃没有辣手摧花，令人欣慰，还把春天的气息送给灾难中不便出门的民众，心胸宽广，令人佩服。希望经济复苏后，他们的善意得到加倍的回报。

4/22/2020

《喊》

今天，纽约一行诗刊系列丛书——疫情下的汉诗之声《喊》正式出版。目前在 blurb 线上可订，稍后或许推出 Amazon 的订购链接。这本诗集，由严力先生和邱辛晔先生主编，著名汉学家梅丹理先生挑选了 12 首作品译成英文。作者大约 130 位，均为来自世界各地的华语文学爱好者，既有成名诗作者，也有初次接触诗歌创作的"新手"。引用《一行》创始人，主编严力先生在序言里的话，我们"读到了一页页由此危机翻开的各国人民与其搏斗的篇章"。

鸽子、鸽子

午后开始，窗外有时断时续的鸟叫声："古～姑～古"，听起来近在咫尺。下了班，循着声音从厨房窗口望出去，发现一只浅棕色的鸽子，鼓着气囊，稳稳地蹲坐在阳台角落的一只空花盆里。它很快发现有人窥探，停止了歌唱，静坐了一会儿，终于站起来，跳到阳台栏杆上，施施然踱了几步，头一低，尾羽上翘，张开翅膀，俯冲了下去……

附近有树林，野鸽子成群，从没见过如此明目张胆地主动探访。居民们都锁在钢筋水泥的笼子里，小野鸽子，也许是来"探监"的。

已见曙光

似乎纽约的疫情已经过了高峰，各种数值连续几天下降。一部分外州来的志愿医护人员昨天离开纽约回家了，野战医院也纷纷拆除，"安慰号"医疗舰即将奔赴下个"战场"……今天，我和我认识的纽约人还都健康、平安。满怀感谢！！

此刻 Cuomo 州长在 CNN 晚间新闻接受采访，他说："最新的抽样测试 suggest，约 1/5 的纽约人可能已经得过 COVID-19 并产生了抗体。但是免疫力能维持多久，学者们目前并不确定。"毫无疑问，与病毒共存将成为人类生活方式的新常态，问题是：HOW？

据说，本周二，白市长面对疫情缓解的局面，畅想解封那天：要举行纽约史上最盛大游行庆祝"重生"！

星期二下过暴雨，市长的脑袋里一定又漏进了不少水……

4/25/2020

进退两难

乔治亚州州长宣布复工之后，小企业主、小商户又陷入另一个困境：发型师无法和顾客保持 6 英尺社交距离，很多客人不戴口罩，危险系数极高。有位女发型师的家人患有癌症，她担心把病毒带回家，权衡利弊，最终决定暂不复工，但是面对店铺租金、各种账单也倍感压力。一位保龄球馆老板在接受采访时不停道歉，他说自己也觉得此刻开业并不安全，但是有 25 名员工等着领工资养家糊口，再不开就都熬不下去了……如果雇主开业，雇员不去复工，好像就不符合领取失业金的资格了。真是进退两难啊！

5/2/2020

柴米油盐

靠近 495 公路的新中美华人超市恢复营业了！午后到的，停车场已满，门口排队的人出乎意料地少，前后等了不到 10 分钟。两位全副武装的西裔雇员负责指挥顾客进场。他们面前放了张凳子，摆了两支不知什么牌子的消毒液，还有盒一次性手套。每位顾客进场之前，他们会向购物车喷洒一通消毒液，如果你没有戴手套，赠送一对，很周到。超市内部也不拥挤，人人戴口罩，从容不迫，神态比停业之前淡定了很多。很多人只是买了少量新鲜蔬果，想起 3 月底那种囤米抢菜的疯狂，仿若隔世。要不是看到超市收银员一副防生化的打扮，恍惚间，以为生活已回常态。

货品并不齐全。冷冻食品柜虽然不至于空空如也，东西寥寥无几。我想吃汤圆，没有找到，不甘心，抓了一盒"芋头小圆子"充数。油、瓶装酱料货架也比较空。可见供应链没有恢复。所幸，蔬菜瓜果丰富、新鲜，肉类、海鲜也很齐备。民众的一颗心，总算能定下来了。

暮春

居所附近的湖边住着几户人家，大门口临街，门前种了几棵海棠花。原以为在家"禁闭"而错过了花期，没想到至今依然盛开。颜色桃粉，花朵簇簇拥拥团在枝头。四下无人，这几树艳丽的海棠，给安静的街道添了几分活泼、热闹。如果每棵树里住着一位花仙，凑在一起，必定是叽叽喳喳、嘻嘻哈哈的一群野姑娘。

5/5/2020

立夏

今日立夏，老北京讲究在这天吃面食，以庆小麦丰收。想起姥姥拌的麻酱面，也不知道什么时候能再吃上……这两天的阳光也特别足，小茉莉吸饱了能量，伸拳打出第一粒花苞，裹在浅绿色毛茸茸的花萼中，迎接夏天来临。

从年初开始，一颗心，随着起起伏伏的曲线，坐过山车一般颠簸。2020年，就这样，在仓皇中，即将过半……

夜未央

今天接着读《鱼丽之宴》。木心先生说："夜未央，我望见的只是私人的曙光，手帕般大的，鱼肚白色的，不过我还是欣欣然向它走去。"

"夜未央"，出自《诗经·小雅·庭燎》。描写周宣王与报时人三问三答：夜如何其？夜未央……夜如何其？夜未艾……夜如何其？夜乡晨……

木心先生走到人生的某个坐标点，虽然身处黑夜，已望见"私人的曙光、手帕大的鱼肚白"，想必，在那个时空，他已经盼到"夜乡晨"的来临，欣慰。

夜未央——优雅的古文，含蓄地描写至暗时刻。全球化已成明日黄花，零售业哀鸿遍野，中美关系剑拔弩张……我也想问：夜如何其？只怕角落里，有人答：夜未央……

5/14/2020

COVID-19 Surcharge

印象中，有数以千计的肉厂员工感染病毒，数家大厂被迫停业，据说猪啊、牛啊、鸡啊都没有人喂养，不知道它们命运如何。不过，作为肉厂的"原材料"，不幸的命运与生俱来，早晚都得挨上一刀。如今碰上这百年难遇的大瘟疫，更是雪上加霜。

供应骤减，肉价飞涨，很多家庭纷纷囤肉，据说冰柜都卖断货了。餐饮业更是大受影响——Missouri 有一家日本餐馆，主营牛扒、寿司，把肉涨价而增加的成本转嫁给顾客了，在收据上理直气壮地列出：COVID-19 surcharge。真是明人不做暗事！

5/17/2020

老橡树

小山坡上有三棵橡树倒了，横卧湖畔小路，树冠扑进湖边芦苇丛。最粗的一棵需两人合抱，大约百年树龄，从离地一米多高的部位折断，估计倒下时顺便砸到了身边两位年轻的"邻居"，一棵被连根拔起，另一棵也断为两截，真是无妄之灾。前几天狂风大作，可能老树根基已经松动，之后随便一场普通的风雨就成了"压倒骆驼的最后一根稻草"。或者，老橡树经历过百年前的西班牙流感，再一次目睹纽约陷入瘟疫的泥沼，生无可恋，索性一闭眼，一头扎进湖里……

世界救星？科技骗子？

加州的生物科技公司 Sorrento Therapeutics 这两天在股市上应该大有斩获：他们宣称发现了"中和抗体，可以 100% 地抑制 COVID-19 virus，4 天内清除病毒"。消息一出，Sorrento 股价一度上涨到 $9，涨幅 340%。今天，情况反转，媒体进一步披露：Sorrento 只有体外的细胞试验数据，尚未开展任何临床试验。前路漫漫，研发尚未成功，股东们赚了个盆满钵满，留下失望的百姓站立夜风中，发梢凌乱……

朋友说：很多生物科技股都是骗子。希望 Sorrento 不要被她言中。

5/18/2020

茉莉开了

昨天黄昏之后，茉莉安静地开花了！幽香雪白的双层花瓣，蝴蝶翅膀一般轻轻展开，仿佛在枝头小憩的精灵，一眨眼就会飞走，轻盈地没入夜色……

5/21/2020

倒计时

今天，猎鹰 9 号和 Crew Dragon 已经运至肯尼迪航天中心 39A 发射场，并搭上发射塔。

据说本次项目的宇航服是由 SpaceX 出品。马斯克特邀雕塑家、电影服装设计师 Jose Fernandez 为宇航员们"量身定制"。Fernandez 曾为很多漫画改编的超级英雄电影主角设计过服装，包括 Batman vs. Superman、Captain America: Civil War、Wonder

Woman 等等。除了整体线条简洁流畅、轻巧灵便、极富时尚感之外，这套宇航服的技术含金量也很高：触屏手套、防火外层以及在飞船起飞降落时提供听力保护的 3D 打印头盔等等。

离 launch 还有六天时间，全美的航天迷们已经迫不及待了。

5/25/2020

归去来兮

国殇纪念日，长周末。在 Netflix 上追了两套韩语连续剧："地狱使者""Hi Bye, Mama！"。两个故事都是以亡者回到人世为题材，描述了亲情、爱情、友情等人性中最天然的情感如何令逝者执着而徘徊人间。有句印象深刻的台词，被两部韩剧中不同的角色引用："失去丈夫的女人称为寡妇、失去妻子的男人称为鳏夫、失去父母的孩子称为孤儿，但是失去孩子的父母却没有称呼，因为他们的痛苦无以名之。"

那些在疫情中，毫无心理准备地变成鳏寡孤独的人们，今天，又是以怎样的心情缅怀亲人呢？

祈愿亡魂安息，追随各自生前的信仰找到未来的归宿……

5/26/2020

回归

欧洲，全球时尚界的风向标，其中巴黎，更是引领潮流，地位卓然。在上个世纪初，巴黎时装曾为许多美国设计师提供创作灵感。二战期间，纳粹一度盘踞巴黎，1943 年的 fashion show 被迫取消。美国时装界公关 Eleanor Lambert 抓住机会，邀请媒体到纽约参加 Press Week，给美国本土设计师们提供了一个大显身手的舞台，分享他们的创新与时尚理念。精彩的 Press Week 不仅成功吸引了国际同行的注目，并为"四大时装周"首开先河。

几十年后，在纽约、巴黎、伦敦、米兰分别举办的每年 2 次的时装周，已经转型为全世界时装大牌、时尚名流、影视明星、真假贵族、网红云集的大荟萃。秀场的服饰，越来越脱离服装的基本意义，把标新立异作为终极追求、将怪诞误解为创新、恶趣味当作为有型……四大时装周，已沦为群魔乱舞的 Halloween。

2020 年，渺小的人类被瘟疫的巴掌扇回原形，"四大时尚之都"无一幸免。男女老少蓬头垢面猫在家里，高级定制不如一卷厕纸。

所幸，时装大牌的掌门人们在两个多月的禁闭中纷纷开悟。Gucci 的创意总监 Alessandro Michele 昨天宣布：将永久摒弃传统的时装 calendar，重新审视消费者的真正需求，在其设计中，保留基础元素，抛开多余的赘物。Michele 的疫后运营策略，源于他"对人和自然关系的反省——人类对自然的贪婪攫取，造成了日益严重的环境恶化、资源枯竭……"希望 Gucci 及一众欧洲大牌引领服装界回归本质，作一支倡导新风的"风向标"。

5/31/2020

#LaunchAmerica

超市购物，回家消毒。匆匆忙忙吃完午餐，"推开" SpaceX 在 Twitter 上的直播间大门一看：几万推友坐着小板凳儿候在线上了，NASA 宇航员 Doug 和 Bob 也在 Crew Dragon 舱内半躺半坐，静待倒数。佛罗里达善变的天儿逐渐放晴，猎鹰 9 号喷着烈焰准时腾空！一级火箭成功分离、回收……控制中心掌声一片……一切顺利的话，19 个小时后，飞船将与国际空间站对接，ISS 又将迎来两位地球访客……

小宇宙的梦想

今早 8 点 15 分点入 SpaceX 的 Twitter 账号，看到来自马斯克的转推："Dragon docks with Space Station in 3 hours"。

#LaunchAmerica 在线直播已连续进行超过 20 小时了，还有 3 个小时，飞船即将与国际空间站对接。加入直播间：Crew Dragon 和空间站已经建立了相对导航，在围绕地球比翼双飞的同时，逐渐接近——100 米、10 米、5 米、1 米……对接成功！终于，从美国本土发射的第一艘商业载人飞船顺利抵达目的地，比预期提前几分钟。空间站内的 3 位"原住民"——第 63 远征队队员 NASA 的 Chris Cassidy 以及俄罗斯的 Anatoli Ivanishin、Ivan Vagner 喜迎 9 年来首次由美国本土飞往 ISS 的宇航员。见面后，五位太空人在微重力下浮于舱内握手、拥抱。很多推友惊呼：社交距离！其实 Doug 和 Bob 在地面已接受过 COVID-19 的测试，大可放心。

全球吃瓜群众、航天迷们看完"科幻大片"直播，心满意足地洗洗睡了。对美国乃至人类航天事业而言，新时代刚刚来临！无疑，#LaunchAmerica 具有里程碑式的重要意义：不仅验证了 SpaceX 运营从火箭发射到载人飞船完整产业链的强悍科技实力，还为太空项目商业化开创先河。NASA 的政府资源结合民营企业家马斯克狂野的梦想，人类登上火星，也许指日可待！

曹 婕

明天我们能够期待什么

3月19日

——纽约新冠病毒大流行

　　昨晚在西海岸的好友发来微信，作为医生的她语气里含着担忧，她发了一周烧，现在头疼乏力又一周，不过没有咳嗽也不气急。我的心往下沉，鼻子也发酸。她接着写，我可能感染上了。我问你去测试了吗，她说样本两天前送出去了，结果还没回来。那能不能同时拍胸部 CT 呢？医院不给拍，说是没有指征。她是心脏科主任，病了两周还没有能够确诊，只是躺在家里休息。我说你没有呼吸道症状应该没有大事的，我知道这样的安慰很苍白，不过我的内心一定要相信她不会有事的。今早纽约的一位医生朋友发来信息，她科室的一位医生同事感染上了。西海岸的好友马上问，他的病情严重吗？不严重，他没事儿。不知道纽约的朋友是否有意轻描淡写，不过我真感激她这么说。

　　医院发布最新消息，一周前有四十多位医护人员接触过一位新冠病毒患者，当时他们都没有穿戴保护器具，今天检测结果回来了全部是阴性，读完后我的眼眶湿了。我科室的医生上周也有接触史，他去了医务室测试，几分钟就取完样了，不过结果要等三到五天。我不敢问他在等结果期间他将如何与妻子和三个孩子隔离。

　　这次西雅图是病毒高发区，死亡率最高。我有个好友是那里的重症病房护士，她热爱自己的工作，任何时候都充满了乐观。显然她的工作是危险的，她的先生开始担忧了，为她为自己也为儿子，全家不知如何是好。她说这样的焦虑不只她一家，她的护士同事和朋友们都不敢和家人在一起，想着办法与家人分屋分床。但是在工作中，没有任何人抱怨，她所在的护士团队互相帮助非常团结。她传来照片，护士们戴了防护面具，摆了各种酷的姿势拍集体照，他们满满的正能量从年轻的脸上洋溢出来。

说到如何保护家人，无论是护士还是医生，我们的内心都带着忧虑。休假前的几周我与先生商量如何保护我们的儿子，父母双双是医生的他比其他人感染的机会大了许多。我们决定分开住，作为心脏科医生的我危险相对小一些，所以儿子跟着我住，先生是家庭医生，诊所里每天都有发烧咳嗽病人，他的危险要大一些，所以他一个人住出去。就这样，一个家在这个特殊的时刻分成了两半。

来到乡下度假让全家又在一起了，第一顿晚饭是简单的两个菜，我们坐在一起吃得很香很知足。第二天，先生和我各自安置好一个书桌，一台手提电脑，一部手机，度假就这样开始了。他的电话短信不断，有人发烧了，咳嗽了，我是感染上了吗，我需要做测试吗。有些病人真的令人担忧，有的只是需要安慰。病毒测试仍然不是一件简单的事情，尽管媒体报道测试已经开始普及，但是在纽约测试仍然是障碍重重，许多病人对现状不了解，所以医生就需要反复解释。我好几次抱怨先生与病人讲话那么响，讲那么多，让我无法集中思想工作。好脾气的他很快就道歉了，但是下一个电话还是那么长。我尽管不用为发烧的病人操心，但是医院的工作也放不下，来来去去的电子邮件和电话源源不断。

三月的天太阳下山晚了，白天显得很长，五点半屋里屋外仍然还是透亮的，我说我们一定要放下工作出门去走走，全家这才开车去了附近的海滩。今年是个暖冬，三月的海滩已经丝毫没有寒意了。长岛北岸的海滩多为沙石，不像南岸是细沙，因此北岸的海水清澈见底，而南岸则因为海浪卷着细沙水总是浊浊的，这让我偏爱北岸。海滩上空空的，唯有我们三个人，海岸线显得比平时长了许多。无风的海柔软得如绸缎，靠近她心里有一种莫名的温暖。远处，父子俩在比着甩石块，有的扑通地就沉了下去，有的能在水面上跳跃许久才缓缓地滑入海里，从他们舞手转身摇头不难看出谁又甩出了一份得意一丝遗憾。我沿着海滩走，时不时捡起瓷白色的海卵石，好像总有下一块更加完美没有瑕疵。记得去年夏天朋友的孩子来玩，他爱上了海滩上洁白的海卵石，每一块都想放进裤兜里，很快两个小小的裤兜都放满了，裤子开始往下滑。他拉着裤子拿起最后一块放入我的手心，这块最好看，阿姨，我送给你。我说阿姨好喜欢，忍不住把他轻轻地搂进怀里。现在孩子们都停课了，什么时候他们又可以自由地嬉戏，让他们拥有童年的无忧无虑。

回到家里，话题难免又回到了当今的主题，今天纽约州的病例超过了三千，远远高于其他州，军队的海上医院已经驶向纽约，这艘船可以提供一千张床位。失业率直线上升，道琼斯指数从短短几周前近三万点下跌到了两万点以下。

明天又是新的一天，我们能够期待的是什么呢。

3 月 30 日

最近时常失眠，昨晚又是一个无眠的长夜。白天有太多的焦虑无法排解，到了夜里它们便幽灵般地追逐我的灵魂，让我疲倦之至却无法入眠。

疫情愈加地肆虐了，病例数变得日益的庞大，今天已经超出了十六万，死亡数也在直线上升超出了三千。每一天，医院里的新冠重症住院病人在上升，上了呼吸机的无数。医护人员的感染不断地在出现，在我工作的医院，有接触史但无症状的医护人员已经不再给予测试，而有了症状再接受测试的竟然有三成是阳性，那么无症或轻症的感染已经无法统计了。

如果感染曾经是我们的担忧，那么死亡成了我们真正的恐惧。我们习惯每天在与死亡抗争，因为我们的职责是帮助病人战胜死亡。但是今天的纽约医护人员却每天站在自己死亡线的边缘，无奈地看着我们的同事被死亡吞噬。今天传出消息，著名的纽约小儿神经外科医生詹姆斯古德里奇死于新冠病毒并发症。

古德里奇医生是一位屡创奇迹享誉全球的专家，2017 年他用了27 小时成功地将两个 13 个月的头部连体婴儿分开，在这前后他成功分离过许多复杂的连体婴儿。他在 2004 年就已经成功地为菲律宾的两位头部连体婴儿做了分离，这两个孩子至今已经十多岁了。他是被同事学生挚爱的前辈，节日里他时常亲自为护士烘培点心，他记得那些他手术过的孩子的生日，与他们一起庆祝。

他的不幸离去让我们心痛，也让我们直视新冠病毒的猖獗。

越来越多的重症病人在生死线上挣扎，医生已经打破了专业分界，凡是持有执照的医生，目前的第一职责就是去救活病人，无论是肺科还是心脏科或是皮肤科放射科，人人都要走上第一线。纽约州一向对于医护人员的执照要求十分严格，如今处于重灾区的纽约需要大量的医护人员，因此州政府破例允许任何持有外州执照的医护人员来纽约支持抗疫。

随着越来越多的医护人员直接参与抗疫，因感染而病倒的也每日都在增加，主要原因还是医护人员的保护仍然远远不足。昨天与一位好友通话，她在纽约市著名的教学医院做心脏科医生，她所在的医院已有八百多位新冠病人，所以心脏科医生已经参与直接管理这些住院的重症病人。他们科室的医生每周轮转，但是在这一周中每个医生只给一只 N95 口罩和一件保护服反复使用。可以想象，这样的防护措施对于传染力极强的新冠病毒是远远不够的。她说科室里年轻力壮的医生同事开始倒下了。

尽管在新闻里我们每天都听到不少令人安慰的消息，有多少多少的防护用品将要送往纽约医院，但是在第一线的医护人员仍然每天都在挣扎，在为自己的生命抗争。昨天军队海上医院驶入了纽约港口，为纽约带来一千张急需的床位。由会议中心改建的临时医院也可以投入使用，据说可以提供几千个床位。这一切都是纽约人的希望，但是在这些新添的床位背后将是更多的对于医护人员的需求。

著名的心脏科医生科学家教育家 Medscape 医学网站总编艾瑞克陀布尔医生昨天发文，题为"新冠疫情中的美国背弃了医护人员"。他强调美国在疫情的三个阶段背弃医护人员：

第一个阶段是新冠病毒在美国传播的初期，当韩国等成功地启用联合国的检测标准时，美国的疾病防控中心却决定自己研制开发测试方法。结果种种的失败拖延，导致美国无法检测。在最初宝贵的五十九天里，韩国检测了七万五千人次，从而成功地阻断了传染源，防止了疫情大爆发。而同期美国只检测了三百多人。在这个阶段不仅大量的人群被感染，医护人员也因此被感染。

第二阶段，当大量的重症病人出现后，保护装备严重缺乏，无法跟上日益增加的需求。医护人员在极其有限的保护下去照顾重症病人，而这些病人往往含病毒量极高，因而感染力极强，这样就极大地加速了医护人员的感染。

第三阶段则是前面两个阶段的恶果，那就是医护人员因感染而病倒甚至死亡。原本以为年轻人最有希望挺过这场疫情，但是我们年轻的医生护士却无法挺过，因为他们被大量病毒围追，终究自己的免疫力无力抵抗。即便医护人员能够抵挡死亡，他们因为感染而病倒亦是无法估量的损失，因为我们现在太需要他们其中的每一位。

陀布尔医生说历史会告诉我们，新冠疫情将会成为美国共公卫生史上的灾难，不幸的是它会比其它包括 911 在内的灾情更为严峻深重。而让医学界永远记住的是，当社会最需要我们奉献的时候，国家却背弃了我们。

昨晚我与三个好朋友在网上视频，我们四个分别在东西两岸做心脏科医生。对于医生的处境我们都充满了焦忧，为自己为家人为朋友也为同事。分别时我们殷殷地互相关照，好好的，我们一定都要挺过去，要活着走出疫情。

4月04日

"母亲走了。"

先生接到病人女儿的来电。这是一位八十九岁的患者，她随我先生看病已经有很多年了，她的家人与先生很熟悉。老人已经发烧五天，呼吸也逐日困难起来，看来极有可能是重症新冠病毒感染。老人有糖尿病高血压，最近几年记忆力严重退化，最近又摔断了胳膊，非常痛苦。这些天她的女儿天天在和先生联系，怎么为母亲退烧、治疗。

按照病情发展的趋势，老人的预后不佳，需要呼吸机的可能性极大，但是这样的老人上了呼吸机生还的可能性十分渺茫。女儿说母亲从来都反对无意义的拖延生命，就这样女儿和我先生一起决定不送老人去医院，让老人安安宁宁地与家人在一起走完生命的最后一程。

老人走了，走得自然，没有去经受那些多余的痛苦。

纽约的疫情在日益加重，今天测试阳性的病人已经超过了十万，死亡人数超过了三千。医生无法从死神手中夺回生命，因而每天有人失去亲人。

随着重症病例的急剧上升，越来越多的病人需要用人工呼吸机来维持生命。为了让更多的病人用上呼吸机，哥伦比亚大学医学中心首先创新，用一台呼吸机同时支持两个病人。在正常情况下这是无法想像的，因为呼吸机的设置因人而异，而且随着病人情况的变化，医生需要针对性地随时调整氧气的压力流量等。显然两个病人不可能有完全一致的状态，那么医生怎么能有效地调整呢。然而当新冠病人严重缺氧时，呼吸机是生还的唯一希望，尽管不理想，我们还是要尽量让重症病人用上呼吸机。

然而即便上了呼吸机，死亡率仍然非常高，尤其是七十岁以上又患有高血压心血管或者肺部疾病等，从呼吸机上起死回生就更是难上加难了。尽管如此，只要没有呼吸机的短缺，对所有病人都会给予生的希望。但在资源极其紧缺的状况下，如果有多个病人同时需要唯一的一台呼吸机，医生将如何选择谁生谁死呢。

前天的纽约时报刊登了一位重症监护医生的评论，他讲了自己最近的一个经历。因为新冠病毒的高度传染性，病人家属是不允许探访的，除非病人到了垂危的时刻，家属才允许进病房与病人做最后的道别。因为这样，医生每天需要与家属通电话，告诉他们病人的状况。

他拿起电话时，对方是一位重症病人的丈夫，病人已经在呼吸机上五天了。听到妻子的状况在恶化，丈夫迫切地问医生，你不会把呼吸机撤下来吧，我知道她有癌症，而且已经转移，但是她依然充满了生命啊。她很幽默，她爱家人朋友，我们有很多旅行的计划，我们说好了我们还要在一起做很多事情。他的呼吸变得急促了，听得出来他在极力控制自己的哭泣。

病人因为癌症做了化疗和放疗，她没有能力用她有限的免疫力去与肆虐的病毒抗争，医生很清楚她生还的可能是极其有限的。但是她的亲人爱她，她的生命在家人的心中依然是无价的。也许从医学上医生可以对这样的病人作出准确的预测，但从生活中医生却永远无法精确评估病人的价值。这位医生最后写道，当这位病人终将离去时，作为医生的他可以安然地告诉自己，我已经竭尽全力了。

最近著名的伦理学专家和医生伊扎克·依曼纽在新英格兰杂志上发表文章，题目为"在新冠流行期间公平分布有限的医疗资源"。他提出在大规模的疫情下，我们分配资源应该基于社会的整体效用，换一种说法是把有限的资源让给那些可以活得最长而且活得最有成效的人，另外还要优先让医护人员活下来，因为他们的生存可以让更多的人有生还的希望。但是英国研究人员在纽约时报提出不同看法，他们认为二十岁并不比五十岁更有价值，因为五十岁人的经验和技能是二十岁的人所不具备的。依曼纽医生对此有不同的看法，二十岁的人还没有机会经历完整的人生，如果不给他们机会，他们的生命就会过早地逝去，这对他们太不公平。

早在 2015 年，纽约州的健康部门已经发布了通报，他们预测在大规模疫情时有可能会出现呼吸机匮乏的情况，为了公平合理分配有限的资源，依从法律和伦理的原则是非常重要的。前美国卫生控制和预防中心主席汤姆·法立登医生说，最关键的是让分配原则公诸于世，以救治最多人数为前提，排除金钱、人种或是政治影响。

尽管理论上可以有多种的探讨，当医生面对一个有着生命的躯体时，我们的第一冲动是要救活每一个病人，无论是二十还是九十岁。

当社会需要公平分配生与死的权利时，医生无法成为有效的执行人，因为我们的职责不允许我们选择死亡。所以专家建议这样的决定要让一个独立的委员会来做，把诊疗医生排除在外。目前的意大利疫情十分严峻，重症监护床位和呼吸机严重缺乏，他们已经成立了这样的委员会，来抉择哪一位病人可以接上下一台空出来的呼吸机，因而有生还的希望。

我记得许多年前的一段经历。当时有一位六十多岁的病人，他患有严重的心肌病还有并发的室速，装了自动除颤机后每天会出现无数次的除颤，固然每一次除颤给了病人一次生还的机会，但这给病人带来精神上和机体上的极大痛苦。最后他决定放弃除颤治疗，同时停止所有治疗室颤的药物，这意味着他选择了死亡。

那天我去他的病房帮他关掉除颤机，房间坐满了家人，却无人般地安静。他平静地看着我，嘴角还挂着一丝微笑，然后冲我微微地点点头，示意我他准备好了。我关了机，陪了他一会儿，在无言中祝他一路走好，然后我轻轻地退出了房间，让他的家人陪他最后一程。不多时，监护荧光屏上的指示成了一条直线。即便这是病人自己的选择，对于死亡，医生永远都带有伤痛留有遗憾。

除了物资紧缺外，医生还面对法律诉讼的担忧。如果医生选择把呼吸机接给二十岁的病人而不是九十岁的病人，那么九十岁的病人家属是不是可以告医生失责呢。这样的顾虑让医生在一次又一次面对选择时忧心忡忡，许多医生联名写信给纽约州长库莫要求豁免在疫情期间受到法律指控，昨天华尔街时报透露，这条法律很快就会生效。

但愿疫情就此开始缓解，作为医生，我们不需要背着重负去做选择，我们愿意一如既往去奋力营救每一个生命。

4月10日

两周前，我的好友在微信群里为闺蜜们讲述这样一个病例：

"三十八岁男性患者，发烧五天并伴有咳嗽气急，三天前去了急诊室，被查出新冠病毒，但无需入院治疗。今天，病人感到呼吸愈加困难，于是叫了救护车。当救护人员到达时，病人已经严重缺氧，当场就插管接上了人工呼吸机。

他是一个有四个幼年孩子的父亲。"

作为重症监护室的护士，她每天都有这样的重症病例，每一个病例都是一个真实故事，每一个故事都让人心酸。

"今天他的需氧量又增加了。

今天我们让他俯卧了，因为供氧量上不去。

今天他的妻子来电，哭着请求我们让她看他一眼。

今天他的情况很不好，所有的治疗都到了极限，看来我们留不住他了。"

每一天，上夜班的她会给我们做晚间报告，不知不觉中，他成了我们生活中的一部分。不知道他的名字，我们称他 38 岁。此时，38 岁的生命被一根细细的管子系着，脆弱得随时可以断开而泯灭。

"今天有了转机，他的需氧量从 80% 降为 60%。"微信群里立刻亮起了无数枝玫瑰。

"今天他的氧气需求又下降到了 40%。"微信群里又是一片欢呼。

"已经三天了，他的需氧量似乎再也降不下来。"我们的心又悬了起来。到了晚上十点，怎么没有新的消息，我们急促地问，

"38 岁今天有好转吗？"

"哦，没有进展。"

微信群亮起了苦涩的脸。

"今天 38 岁大有进步，需氧量总算又降下来了。"

"今天呢，今天 38 岁怎样了？"

我们每日迫切地等待消息。

"医生说我们可以试着让他自己呼吸，兴许有希望拔管了。"我们长长地吐出一口气，仿佛我们自己的呼吸因此通畅了许多。"38 岁今天拔管了！"微信群里亮起了各式的欢呼雀跃的符号。

就这样，38 岁与死神擦肩而过，凯旋而归。我们几个素未平生的普通人，曾经每天为他而牵挂，我们放不下的是一个年轻人的生命。我们请护士朋友转告 38 岁，他从来都没有孤独地抗争，有许多人在远处默默地为他加油。

我的耳边想起了卡蓬特的一首歌《在世界的巅峰》：

"有一种感觉，

　　我的眼前一切都显得奇幻。

　　晴朗的天空不带一丝云彩，

太阳如此灿烂让我目眩。

我不会过于惊讶，

如果这一切只是梦境。"

从昨天起，凡有病人能够成功脱离呼吸机，医院就会播放一次这首歌。尽管 38 岁远在西雅图，我还是在自己的手机上为他放了一遍，因为呼吸机上的生还，每一次都可以说是奇幻。

我们在医院，已经渐渐习惯在呼叫 999 的急促声中工作，那是医院紧急抢救的代号。偶尔有音乐声响起，我们都会由衷地微笑。昨晚有十一位病人离开了呼吸机，但是音乐声却一次都没有响起，在寂静中他们去了另一个世界，在那里他们不再为呼吸困难而挣扎。

新冠疫情是一场灾难，全球已有近 170 万人感染，超过 10 万人死亡。美国感染人数已有 50 万，死亡人数超过 18000。纽约是美国的重灾区，到今天为止，已有 17 万人感染，近 8000 人死亡。

这是短短几个星期的死亡人数，即便是对于人口众多的纽约，亦是不堪重负。每家医院的停车场都等着停尸车，因为医院的停尸间已经超负荷了。在我科室工作的一位护士，她的祖母因为新冠病毒感染被救护车救走，年迈的她不久就去世了。因为社交隔离政策，追悼会是不能开了。但是家人竟无法找到她的尸体为她安魂下葬，这无疑对亲人是雪上加霜。

昨晚与布鲁克林的好友视频，她住的公寓处于两个医院之间。她说这几个星期，每隔几分钟就有一辆救护车从她窗下疾驶而过。果真，我们刚说了没几句，救护车的警笛声就凄厉地呼啸起来，一次又一次地打断我们的对话。

无疑，新冠依然还在纽约肆虐。昨天，医院的急诊科主任告诉我，这几天来急诊室的病人减少了，但是重症病人却多了起来。以前急诊病人中的一半需要收住入院，但是现在至少七成病人需要入院治疗。前段时间入院的病人有不少痊愈出院，但是需要呼吸机支持的老年病人则相继逝去，所以死亡数字不但迟迟不见减少，还有增加的趋势。在纽约，这几天的死亡数字在不停地创新高，今天又有 777 人死亡。

军队的海上医院安慰号曾经让纽约人振奋了多时。3 月 30 号安慰号浩浩荡荡地抵达纽约市的哈德逊港，开始的时候这艘海上医院只接受非新冠病人，病人必须符合 49 条排除标准才可以被接受，所以数天后，一个具备一千张床位的医院只收了三个病人。纽约州长库莫请求川普总统改变政策，允许新冠病人入住海上医院，但是总统没有马上表态。

前几天因为误送，三个新冠病人被送上了船，造成了不少恐慌，次日一早，这三个病人又被匆匆忙忙送去其他医院。目前海上医院总算可以接受新冠病人了，但是在纽约，新发病例的拐点已经出现，各个医院新的入住病人开始减少，所以偌大的一个海上医院只收了寥寥几十例患者。不过有备无患总是好事情。

前一阵子，川普把新冠病毒说成是中国病毒，结果引来了一场政治风暴。昨天纽约时报发文，总结了几篇最近的文献，纽约的西奈山医学院和纽约大学独立发现，美国的新冠病毒源于欧洲而不是亚洲，并且特别排除了新冠病毒是实验室制造的可能性。

目前比较清楚的是，新冠病毒源于蝙蝠，最可能是中国马蹄蝙蝠。按照病毒变异和复制的规律，估计在一二十年前，某些生存在马蹄蝙蝠身上的病毒，经变异而成为对人类具有感染力的病毒种类。今年一月，中国科学家首先发表了新冠病毒的基因序列，目前全世界的科学家先后发表了三千多种序列，有些病毒序列非常相像，有的则相距甚远。

华盛顿州的科学家报道，在疫情初期时，那里的病毒与武汉分离出来的病毒非常相似。但是在纽约，这里的病毒与欧洲种类完全一致，而与武汉病毒不同。目前在纽约分离出来的病毒，至少有七种不同的类别。但是无论是哪一种来源的新冠病毒，传染性都极强，致病率都极高。

如今，新冠病毒已经感染全球，它成了全世界共同的敌人。在全球经济的今天，无论新冠病毒在哪里残存，它终究会再周转回来，所以真正的胜利必须是全人类的胜利。

　　这两天，我在等待为 38 岁播放甲壳虫乐队的《太阳开始升起》。在我工作的医院，每当有新冠病人出院时，这首歌就会在全院响起。

　　"太阳开始升起，

　　我说一切都会好起来。

　　亲爱的，微笑终于回到你的脸上；

　　亲爱的，微笑似乎已经消失了太久。

　　太阳，太阳，太阳开始升起，

　　我说一切都会好起来。"

我们都需要喘口气（严力作品）

曹 莉

在疫情中做求证真伪的功课

2020 年 3 月 8 日

我们打全场

武汉突然宣布封城，像是大半年前的事，掰指细数，其实才过了六个星期多一点。尽管人不在国内，因我每天在新闻一线跟踪疫情，刚开始的情绪，历经断崖式的刺激。看到封城前夜几百万人惊慌逃离，医院过道塞满咳喘发热病人，女护士维护秩序的歇斯底里，我先是像被人打懵了似的难以置信，两三天后回过神后，砸过来的是重重的失望，接着一波心痛和焦虑涌过来淹没我，感觉难以呼吸。

尽管我理智上清楚，这种病迟早会传播到美国，但那时哪有心思去想，我会很快和它同城对峙。我全副的注意力和牵挂都投向国内，尤其是那些困在武汉，已染上新型肺炎，却因医疗设施短缺，无法住院治疗，只能自生自灭的普通人。接下来的几周我听到了许多的疑问，遮遮掩掩的回答，难以接受的生命倒下的故事，看到了太多令人费解的决策，迟缓的行动，缺少人性的作为。思考虽多，却自觉能做的太少太少。等到事实的端倪渐渐拼出全貌，我的泪堤终于失守，在一个和朋友的电话里崩溃，为同类，为一条条活生生的人命，也为余存在我心角里，对故土一点希望火苗的最后熄灭。

新冠病毒传染力空前，传染途径难以确定，几乎让半个中国瘫痪。它传到美国的时间，倒是比我的意料晚来了一点，也许是美中之间绝大部分飞行航班已被取消，又或许，中国的家居隔离延缓了病疫的大规模跨境传播。然而该来的也躲不掉，病毒先出现在美国西海岸，接着中部州有个案，人口最多、种族最杂的纽约却迟迟未报异常。

疑惑中，我们这些所谓的纽约客，直到 3 月 1 日听到官方宣布确诊第一个病例，五天后，纽约州州长宣布案例数升至 44，今天激增到 105，其中曼哈顿确诊的病例达 10 多个。终于病毒传到了家门口，逼迫我脑体并用，专心对付它。

微信平台上一张调侃的贴图写着："中国打上半场，世界打下半场，海外华人打全场。"正是我目前处境的绝佳概括。国内疫情爆发期，我和武大纽约校友们一起，四处采购医疗物资，希望赶紧送到最需要的武汉医院，帮助医护人员救一命是一命。现在纽约很难买到口罩，我得为个人的基本防护品四处搜集供货信息。在美国最大的购物网站 amazon.com 上已经买不到正常价格的口罩了，常用的免洗净手液几乎抢光，我只找到一些消毒酒精片，还要快速下单订购，聊胜于无，备一点求得心理安慰。

也许是疫情最先在中国爆发，程度惨烈，我们这些华裔移民格外谨慎。纽约初报确诊病例那天，我就开始考虑，是否要跟任职的新闻社申请在家里上班，减少乘坐公交上班的感染机率。相比我的紧张，美国同事似乎对逼近自己的病毒反应平静，电话会议里，大家仍如常地关注、报道纽约日日升高的病例数量，他们的幽默和乐观依旧。当我为城里口罩难觅有些焦急时，同事们说起一些国家疯狂抢购的市民，相互打趣是否要去买点什么囤着。

公司对员工的合理请求非常通融，3 月 4 日，我的居家办公就此开启。这几天其余同事也陆陆续续在家里上班了，尽管纽约市和纽约州政府还没有宣布集体措施。我所在的行业，本身非常依赖网络交流，因而只要家里有高速的宽带接入，不影响工作效率，在家里发送新闻标题和快讯，和在办公室似乎差别不大。虽然我在家里有两个电脑屏幕，只是办公室数量的四分之一，可这点差别和困难，比起让人无法呼吸的病毒简直算不了什么。我可暂舒口气，不用担心外出交通的感染，下一步再考虑怎样安全地出门买菜。

3月17日

无奇的点滴

在家工作两周了，其间只出门两趟买蔬菜。纽约的朋友们很多都在写疫情日记，应该是受了武汉作家方方的鼓舞，她坚持每日写一篇短文，在社交媒体流传，内容有披露在当地感知到的疫情，批评抗疫过程中政府机构的不作为，替民众发声质疑救援措施是否合理，或是为求救无门者呼吁，为他们争取住院救治的机会。

我工作之余，大多时候在微信上回答国内朋友的疑问，帮忙核实网络上流传的消息，往往筋疲力尽却毫无成就感。此种"答问"持续一段时间，发觉一些外媒的报道，在被译成中文，贴在社交媒体上的过程中，常被有意无意误译，或者长的报道被断章取义，别有用意，我必须比对原文才知是否可信。有些中文媒体平台上的文章，我扫一眼标题就知道不值得点开读。

看到失真的信息还有这么多人分享和转发，我颇感无奈，自我调侃：谁愿意信谁信好了，垃圾信息占的又不是我的脑容量。这样的态度朋友视为消极，说我应该主动多转发真实和理性的东西。我想也只能看心情吧，心灰意冷时，觉得凭借一个愿意求真的普通人的脑力和口才，拯救不了人类，我只能保证自己写下的东西经得起查证。

手机快断电了，写了上面一段贴到朋友圈，算是发点小感慨小牢骚。在手机充电时，我的想法却转了个弯：

其实，朋友们能求证真伪，表明已经自修出了警醒和一定的"觉悟"，那堵看不见却又厚实的墙，让墙两边的信息极度不对称，他们又能奈何？社会的人需要信息来做决定是本能。

可不知道筑墙的人是否想过，在国门开放，竞争残酷的时代，如果没有及时和真实的信息，怎样做出经济和金融的强国决策，中国的企业怎么发展，个人怎样致富？这样一想，下次有人找，估计我还是会忍不住帮忙。在新闻这行转眼做了十二年，眼见假冒伪劣的文章当道实在难以容忍。可如果我面对的，是台源源不断生产这类假劣洗脑产品的庞然机器，而我又坚持较真，只能是力竭而亡。不想这样的话，只能躲避和放弃。不管哪种选择，大致都会是悲剧性的结局吧。这时我脑海里开始编起了一段，小白兔硬着头皮冲向无情怪兽的电影情节。

我替朋友们着急，其实中毒最深的是我最亲的老爸。七十岁的老人身体还可以，这一个多月他宅在中国南方小城的家里，我五次三番打电话"督促"他，利用这段时间写回忆录（世上我能逼的只有亲爹了）。逼完他，我自己却上网瞎逛，心底冒出"严于律人，宽以待己"的罪过感。老爸的消息来源是中央电视台的新闻，还有微信群里同辈人转给他，字体斗大，满屏口号的"惊人内幕"。这两周美国新型冠状病毒疫情形势陡然转紧，他几次忧心忡忡来急电，说央视报了你那里疫情很吓人，一定多加防范。前天不知他在哪看到了有些美国店的抢购视频，留言要我也赶紧储备，并且出门购物时要戴口罩、帽子等全副武装。听到他电话里总是语气惊慌，我心里五味杂陈：老爸以前很少主动给我打电话，近来频繁接他的来电，也算是"荣幸"吧，可是他转述的消息都是被我筛选扔掉，墙那边又被人拾起的回收物。我不忍心打断，就由他说完，哼哈应付，最后轻轻说句我知道了。往好里想，至少这么远还有亲人惦记着。

纽约市，确诊新冠肺炎病例，半个月时间就激增到 923 例。上午市长在记者会上说不排除进一步采取"就地避难"（Shelter-in-Place）措施，在世界金融中心尽快遏制病毒，将在 48 小时内宣布最终决定。这个措施对等的中文，应该是居民户外活动管控，即没有特别事由（看病、买食品等）不让出门，但严格程度还不到封城（lockdown）。随后我看到，有美国的中文媒体，把快讯标题翻译成封城，让不知内情者更觉紧张，又是一个夸张的例子。果然没过多久，一位华人长者发来短信：后天封城，你多储备物资，并请转告他人。目睹信息变形的整个过程，我哑然失笑，但转念一想：也有一周没下楼了，要去大厅取个包裹，干脆去趟旁边的超市补充点什么吧，有日子没去店里，也想看看附近居民有没有抢购的意思。

已是工薪族平常回家的点了，一眼望去超市进门的蔬果区，只有一位女士在东张西望，篮子里还没拿什么。我俩溜溜达达的模样，怎样也不像媒体大标题里"惊恐购物"（panic shopping）一族。面前一堆红红绿绿的蔬菜，我像往常一样不知要买什么，犹豫间正好观察别人抢走了什么：土豆和洋葱的货架明显比别处空，大概耐储存的食品最受欢迎。另一通道是大半拿空的罐头货架。可是意大利通心粉和面条区仍排列整齐，看来周边邻居们喜面条的并不多（附近社区多犹太族裔）。这时扫见旁边有泰国米粉，我这个吃米长大的娃儿兴奋了，这好东西怎么以前没注意到，买包尝尝。尽管平日不爱吃肉，也还是审视了一番，鸡肉那头所剩无几，其他肉食仍琳琅满目。我不能空着手回去啊，便拿了一盒牛肉片、一盒猪瘦肉片和一根萨拉米香肠，这么多脂肪和蛋白质够我吃一个月了。

走到冷冻区，想起朋友前两天说，想吃哈根达斯冰淇淋，到连锁会员店 Costco 一看，付款要排队一小时，作罢。我得意地在一排冰淇淋柜子前走了几个来回，最后挑了筒万人不嫌的香草口味，打算坐家期间最烦的时刻，拿出来安抚自己。其他购物通道里大多能见到两三个购物者，除我之外没几人戴口罩（我对西人不轻易戴口罩的顿悟可专篇另述），但感觉得出大家尽量不同时站在一处挑选，有意无意都保持着一两米的距离。我放下心，他们也安心。付款处，一个队也就两人，本想磨蹭一下，拖长出门放风的时间，却实在找不到理由，要买的都拿到了，没打算买的也装了几样，当作严管真要来临时的心理压舱石。

回家的路只要走几分钟，看看天有些阴，开始盼着明天下雨。我天生见阳光才兴奋，这段时间却常常期待阴雨。阳光明媚的日子里，隔着窗户羡慕室外明媚里草木自由生长，人困在家中工作总有辜负大好天光的感觉，心里痒痒的，难得安坐。假如天阴下来，雨打玻璃，坐在窗边看外面草木凄凉，衬托出屋里的温暖，反倒能安静下来。工作、思考，站起来做温暖的饭，泡温暖的茶，不再觉得码字是清苦的事情，试着信笔由缰，记些无奇的点滴琐碎也是温暖的日常。

进门后又查了一下最新消息，纽约州长在市长发言后表示，不会采取控制居民户外行动的措施，并说没有州里的批准，法律上市里无权实施。尽管州与市有不同的意见，但州长和市长讲话都提到了法律程序。美国的民主实施过程里会有各种扯皮，拖累做大事的效率，好处是大争论都在明处，独立的媒体都能参与监督评论，争执和妥协的过程，最大限度地平衡各方的利益，避免了冲动决策。民主制度下自由虽多，却有许多法律法规作准绳，政策便有了连续和可预测性。这次不论怎样，市长说了 48 小时内能解决分歧，做出决定。我不用担心这只是搪塞，一旦疫情由于他们的拖延而失控，就会失去选票，也就失去了权力。我个人能做的，就是趁这两天缓和一下情绪，为下一步未知的挑战，做精神和体力准备。

是的，从 1 月初武汉开始通报感染病例起，两个多月里经历过疑惑、震惊、悲伤、愤怒；感受过苦的、恨的、荒谬的、绝望的、感动的，种种对身心的消耗。几番情绪的起落后，我和其他生活在海外，心却牵挂国内的华人一样，需要一段无奇日子的松弛，即使是表面的。谁知道明后天，我们会离天灾更近，还是会因人祸再起而怒血冲颜呢？

3 月 30 日

失神的春天

在家工作这些日子里，我眼里的疫情，似悬在地球上方，体量无边、重量未知的一团乌云，随时会倾泻决堤洪水，吞没你我习以为常的周边美好，直至我们自身。担忧尽管压在胸口，可我也不愿意，想象的情景还没到来，意志就在口水泛滥中，被千夫所指的混乱世相，"异端"同类的种种可嫌可恨提前压垮。遂决定不再扎堆儿听声说事，刻意躲避微信上贴了满屏的小道消息。作为职业的新闻人，用这招儿有点自残的决心。

可随着纽约感染和死亡病例的激增，各地亲友们发来的询问和关心只见多不见少。他们有些也在海外其他地区，应对步步逼近的病毒，而国内的亲朋故友们，刚经历比纽约更加严格的居家令，好不容易喘口气，现在转而替我着急，出主意，多次提醒我小心防范。有几位平日并不怎么联系的朋友，看新闻说纽约民众大多不戴口罩，发来短信坚持要我的地址，给我寄口罩。他们的真诚令我觉得意外和感动。原以为离开国内近十年，大家不会记起我，我显然错了。人世间的相互关心支持，也许正是生活最大的意义吧，人同此情，对此无动于衷者，那算是反人性了。

然而，我是简单回复一切都好，还是为了大家的心安多说一点？讨论官方数据，异国民众的态度，还是我自己表面如常的生活和工作？一月下旬以来，我工作的很大部分内容，就是跟踪和报道疫情对中国及世界各地社会、经济造成的冲击。每天八小时眼球紧盯八块屏幕，大脑的反应速度要和智能的机器竞赛，一旦退出工作模式，便很难再次调动精力，去反刍白天处理过的信息。坏消息不断，难以从大脑清除时，我就用母语写诗，宣泄烦闷和压抑。

上午出了趟门。昨天父亲和妹妹分别来电，都是担心我的食品不够，不胜他们的反复叮嘱，我便答应出门看看情况再回复。这些天面包实在吃厌了，也想买几袋中式冷冻早点换个口味，再补充些绿叶蔬菜。在美国中文电视台网站查到消息：半数以上华人超市因工作人员短缺，已从昨日起暂停营业两周，我便记下还没关店的几家去碰碰运气。

驾车上路明显感觉私家车辆少。纽约州长一周前宣布居家令，最初几天实行并不严格，而且缺乏对违规者的惩罚措施，仍可见三三两两，甚至一大家和平日一样到附近的公园散步踏春。居民也可以为基本需求出门，地铁、公交车照常运行。正开着车，前面忽然慢下来，在快进 495 高速入口竟然排起了队，这不正常。挪到跟前才看见一辆警车横在前方辅路，它前方不远停着辆大巴车，不像交通事故，我疑心与疫情期间追踪病例有关。前两天看了一部 2011 年预言性的好莱坞影片《传染病》（Contagion），也许是里面类似的场景让我生出这样的联想。

捱进高速路后，行驶反而非常通畅，车流比平日少了许多。进入法拉盛地段，路上几乎没有行人，红绿灯在空路口寂寞地切换着信号。我照样规矩地停在红灯前，瞥了一眼车窗外，是凯西娜公园（Kissena Park）的一角，去年我才从这附近搬离。挨着公园地界的几棵树上，缀满了白里透微绿的小花，想起往年三月底正是樱花、桃花盛开的时候。可现在这阴阴的天，空荡荡的街道和公园，让一切都显得那么无精打采，春花的美无人欣赏，也无处炫耀，该是多么沮丧！怪不得它们看起来像是染了层忧郁的青色，这么想着，我失了神，正如这失神的春天。

离公园最近的一家华人超市外有人排队，看起来还开着。过去一问，只允许电话订好货的顾客进店取货。我继续前行去天景（Skyview）大型购物中心。十点多到那里，平日难寻车位的一层车场空空荡荡。泊好车，我直奔昌发超市，盘算着多买一些瓜果菜蔬，以减少出门的次数。冲到门口，却见卷闸门拉下了，上面的告示写的是超市的网购平台信息。这有些意外，华人电视台昨天明确说，这家会照常开放。看来情况一天一变。小型商家无法保持承诺，他们的员工比我们的处境更危险，人命关天，完全能理解。好在有车，就多转几家吧。美国大型零售店，是居家令期间不能中断的基本服务(essential services)。为控制人流量，以及室内要保持约 2 米的社交距离，顾客都在店外排着长队等候入场。我既不愿凑这个热闹，又不打算买西式食品，便离开了购物中心。

平时熙熙攘攘的法拉盛商业街，几乎看不到有店开门，我朝家的方向慢慢开。我知道，至少家附近有一个西裔食品为主的连锁超市，和亚裔经营的小卖店会天天开门，价格比平日也没有明显涨幅。就这样，兜一大圈，最终还是在家门口，买到新鲜玉米和几样华人超市少见的绿蔬。购物情势紧张，在家附近还能随时得到供给，顿时感受到不幸中的幸运，进楼时，我开心地隔着口罩，把打探到的购物信息告诉前台的工作人员。他们并不在附近住，也许没时间去找正常营业的店呢。

傅 洁

一位病毒检测学家的日记

3月12日

今晨很早就醒，翻来覆去也睡不着了，决定再写几句。

1. 现在各大学都逐渐采取网络授课。大学春假这周末开始，希望家长们督促自己的子女不串门。如果回家，就一定要乖乖地呆在家里。如果在宿舍，也不要开 party。在现在这个特殊阶段，谁能耐得住寂寞，谁就赢了。家长给孩子送东西时要采取不见面的形式，放门口，离开，通知他们，他们开门，拿东西，然后洗手。

2. 纽约市长至今没有决定中小学停课。真是不见棺材不掉泪，非要等到传开了再关，就太晚了。家长应该作出明智的决定。小孩在学校传到，也是会传给自己父母的。一般来说都是一人中枪，全家牵连。

3. 众所周知，防止病毒传染最有效的方法是隔离。我特别欣赏大都会、林肯中心、卡内基音乐厅的做法。林肯中心 3 月节目全部叫停。林肯中心室内乐协会(CMS)希望观众换票，或者就把票捐给他们，帮助他们度过难关。同时他们采取每周日下午五点网上直播的方法，希望大家还是能听到音乐。我们应该大力支持他们。个人损失几十美金真没有什么，但是这样做就帮到了他们。

祝大家有一个安全的周末。远离病毒，人人有责。

3 月 27 日

这二天来看纽约的疫情到了无法控制的地步，心里十分焦虑。看到纽约各大医院尤其是 Elmhurst Hospital 这样的公立医院医用防护用品极其缺乏，心里好难受。跟 2 个月前比，这种焦虑的程度已经节节升高，因为病毒不是远在千里之外的中国，而是在我们的身边。它看不见摸不着，防不胜防！

我最近又读了不少东西，现在再和大家唠叨几句。

1. 对普通人来说，这个病毒主要是飞沫传播和接触传播。空气中的气胶囊传播可能会发生在医院这种病毒浓度很高的地方。

2. 阻止飞沫传播，那就是在不能做到保持社交距离(6 英尺或 1.83 米)时戴上口罩。比如坐公交，去商店。前几日，我去中国超市买菜，90%的人戴口罩。同时店里在发口罩给不戴口罩的人。我真的很佩服也很敬重这些超市的领导。我们普通人戴一般的口罩就可以了，N95 留给医护人员戴。

3. 口罩戴完后不需马上扔掉，否则就太浪费了。这种浪费不只是浪费钱，更重要的是你可能使得其他人买不到口罩戴。如果你每天要出门，最好有 3 到 4 个口罩。准备 4 个木头夹子(如果实在没有，铁夹子也可以)，标记好数字(1、2、3、4)，每次用完回家，用夹子夹住，放在通风处，如果有病毒 3 天后也应该死掉了。所以轮着戴。正反面一定要搞清楚，白色贴脸，蓝色朝外。手不要碰到白色处。如果你觉得太脏了，才扔掉。

4. 预防接触传染，那就要洗手，洗手，再洗手。保证每次洗 20 秒。流水洗手最好，用干洗液不能保证洗干净，而且伤皮肤。

5. 处理家里信件绝对要洗手，处理超市买来物品要洗手，从外面回来，更是一定要洗手。

6. 绝不直接用手去揉眼睛、抠鼻子、摸脸。实在需要时用干净的 tissue。

7. 万一不幸得病（发烧，咳嗽，失去嗅觉，可能拉肚子），如果没有呼吸困难，你可能也得不到检查，也不能住院。你要做的是：1）绝对隔离自己。2）通知你的密切接触者。3）打电话给家庭医生寻求帮助指导。4）找一位中医远程治疗。服中药，也许能有帮助。自己不能去药店，请家人朋友代为办理。人人为我，我为人人，在这个时候绝不传染给任何其他人。轻症病人也要重视，不让它转为重症。

8. 在这个非常时期，每个人都应该把自己当成病毒携带者，尤其是平时还要上班的人，因而不和任何人近距离接触，包括自己家人。家里人一定要分居，以减少可能的传播。

9. 教育年轻人，告诉他们病毒的危害。他们带回家，对家里的老人可能是致命的。

4 月 20 日

在这慢生活状态，我们终于有机会，也应该静心思考：我们应该如何生活？

以下是我的心得体会，跟大家分享一下。

1. 生命如此脆弱，即便是在科技和医学如此发达的年代。

2. 一家人并不见得能长长厮守一辈子。有家就要珍惜，有一天就要珍惜一天。

3. 即便你很有钱，也请不要挥霍和浪费资源，要和地球搞好关系。

4. 人定胜天只是豪言壮语，说说而已。大自然要和人过不去时，轻而易举人就没了。

5. 医护人员值得大家尊重和信赖。他们中的很多人非常伟大。

6. 想要做的事不等明天，想要说的话也不等明天。

7. 想要拍的照也不要等到明天。

根据第 7 点心得，我今天利用上班前沿着曼哈顿 34 街从东到西走了一趟。

34 街是我非常熟悉的一条街。一来美国，我就住在第一大道的 NYU Medical Center Kips Bay 学生宿舍，大约在 31 街这个位置，在 NYU 医学院正对面（上学加做实验方便）。周末闲的时候，喜欢和同学一起走走 34 街，尤其是到 Gap 试试衣服。

我今天从第三大道开始走（BM5 Express Bus 停在 34 街，靠近第三大道），一路经过了帝国大厦，这个让纽约骄傲的标志，梅西百货公司，（梅西，一定要挺住！）梅西外面平时热闹的休息处，现在几乎没有人（位于 Broadway, between 34th street and 35th Street）。正好有辆 M34 过来，我熟练地换成 N95 口罩，跳上公交，到了 10th Ave 下车。我又见到了大松果（Vessel），和周围的 7 号地铁站和高楼。看看时间不允许，我匆匆从远处拍了 Javits Center，又远远拍了一下 Megabus 上车的地方。真心希望我能在不久的将来再赴此地，重游我们的邻居城市（费城，华盛顿 DC, 和波士顿）。之后我又换成了 N95，跳上 M34 往回走（从西到东）。看看时间还算宽裕，又在 NYU 医学院的儿童医院外拍了艺术作品（狗狗的鼻子上顶了一辆纽约的 yellow cab）。去单位的路上，我看见几个医护人员在 Starbucks 买咖啡。突然来了一辆宣传车，大家都转身拍照。最后我还在 Bellevue Hospital 外拍了几张市民自己画的感谢医护人员的画。拍下今日纽约，记载这一不平凡的时刻，希望你们喜欢。

5 月 6 日

今天来跟大家谈谈 New Normal。所谓 New Normal 就是新的常态。现在，现在从总统、州长、市长到普通百姓都在谈复工。复工才能恢复经济，才能让大家回到相对正常的生活。然而，要复工且不增加感染人数，对每个人来说都是一个很大的挑战，而建立新的常态是关键。

1. 洗手不只是饭前便后，而是碰过不可靠的表面就要洗。那什么是可靠的表面呢？如果家里人没有生病，碗筷，家具都应该是比较可靠的。一旦出门，你就要抱有怀疑一切的态度来对待外面的一切。电梯按钮、扶梯、大楼的门把手、公交车上都可能是不干净的。如果能随身带些纸张，以纸张接触表面，那最好了。用笔按电梯按钮的主意也很好。总之，每个人自己采取措施，避免用手。有些人可能喜欢用手套，但是你能保证在戴着手套的情况下不揉眼睛吗？如果戴手套后放松警惕，然后揉眼抠鼻，手套就毫无意义。我不戴手套，因为我实在觉得太浪费资源了。不过每个人自己定夺。

2. 不拥抱，不握手。开工了，大家好久不见，拥抱一下很难免，但是这样的近距离接触太危险了。

3. 保持社交距离。开工了，对年轻人来说周五去酒吧饭店可能又要开始了。如何应对这个问题，大家先思考一下。

4. 女性朋友们要出门都喜欢涂口红，用粉底霜，这样一来，口罩就不能反复使用。能否考虑暂时不用呢？或到了单位才用上去。但是问题是我们到了单位也都在戴口罩啊，这样想想化妆的意义就不大了。

5. 戴口罩。现在，戴口罩在纽约已经是常规。但是外州并没有都戴口罩。一旦复工，有一定的危险。不戴口罩，光靠 6 英尺的社交距离是不行的。

6. 家里用餐习惯：改成分餐制，或至少用公筷。

7. 家里要设定潜在污染区。上衣，长裤，和鞋子要放在这些区域。

8. 家里备用酒精和bleach(漂白粉)用来消毒。酒精可以在ebay买95%的那种($50一加仑)，自己配成70%。顺便复习一下中学化学就知道如何稀释了。酒精可以用喷的方法(酒精对人体是安全的)，但是漂白剂只能放在小口的塑料瓶(吸入对身体不好，不可以喷)，挤在paper towel上，然后檫东西。檫完15分钟后要用清水再檫一遍。

看到这儿，是否觉得压力有点大，其实习惯了就好。

最后来点轻松的。今天早上，我利用上班前的几个小时又去了一次中央公园(上次去正好下雨)，走了多少路，从来不计。不过每次走完，心情舒畅，浑身舒服。

中央公园是我的最爱之一。今天从79街东面进去，72街西面出来，慢慢游了Conservative Water, Bethesda Terrace and Bethesda Fountain, Bow Bridge, The Lake and Boat House, 湖边小息，孤独的公园艺人。风景这边独好，建议有机会去跑跑，但是最好不是周末。

6月20日

自3月2日纽约市发现第一个新冠病例(纽约州卫生局于3月1日发现第一例)开始算，到昨天6月19日为止，纽约人度过了111天。开始是恐慌，焦虑，然后有希望，有信心。对每一个纽约人来说都是挑战的、难忘的111天。在这111天里，我几乎每天听州长库默的疫情报告例会，疫情最严重时是全程听，后来也至少在新闻里听一小段。昨天是他的最后一次，我认真仔细听了，非常感动。州长非常务实，他每天讲的是我们遇到的困难是什么，准备怎么解决，第二天就告诉大家问题解决得怎么样了。他的句子常常在我脑子里回旋，"Forget politics, forget politics"（不谈政治，不谈政治），他一心想的就是救人。昨天他又说了："Forget politics"。他还说了："Love does win""Love brings light"。（爱带来了胜利，爱带来了光明）。疫情过去，他是会谈 politics 的，但是至少在重要时期，他把人命关天的事放在了第一位，作为州民，我非常欣赏他。

我以前也较少在微信朋友圈发帖。然而，在这 111 天中，我自封小喇叭广播站，经常发我的头条稿，反复发，内容经常重复。原因是焦虑，焦急，急于告诉大家预防措施，报告纽约市的真实情况。在大家居家隔离期间，我因为在曼哈顿上班，经常利用上班前或下班后到处"微服私访"，拍照，记录这个对将来来说是重要的历史时刻。我拍的照有几千张，靠二条腿走了几十英里（也特别感谢 MTA 在疫情期间提供的充足的公共交通）。最近，我在做收尾工作。一是在自己写的疫情手记里挑出几篇参与日后由纽约的几位文人编辑的疫情日记集。感谢几位朋友帮我阅读挑选，这也有一点点难度，好在任务已经如期完成。二是我在整理照片，编辑一本"疫情下的曼哈顿和纽约人"的影集。影集将有图片加文字，记录整个疫情期间曼哈顿的变化和纽约人顽强和自律的精神。完工后，会和有兴趣看的朋友分享。

最后还是忍不住要提醒大家，疫情还没有结束，记住"戴口罩，洗手，保持距离"这三点，远离病毒，保护好自己和家人。

本周末祝所有的父亲们节日快乐。家庭聚会，记得"Love brings win; love brings lights"。

千疮百孔的人世间（严力作品）

葛文潮

疫情中的纽约流水

3/7/2020

明师前几日问我在忙什么，我知道问下之意。

2 月底，明师授我一把刻刀数方印石，嘱我跟他学篆刻。回家后，苦战数日，捉刀握石用力总不得要领，最基本的直线都刻得如蜈蚣爬，暗萌退意。

近顷，国内疫情方兴未艾，纽约华人将口罩等保护物质抢购一空，运回国或救灾或济亲。当下，疫情在美国蔓延，一罩难求。内子托友在其工作的药房购得一盒 N95 口罩 20 个，我们将靠这 20 个口罩度过疫期。

作为全美人口密度最高，流动人口最多的城市，纽约早晚会出现疫情。没想到的是第一个案例是一个 50 岁的犹太人律师，家住维斯切斯特，上班在曼哈顿，他所在的犹太社区成为重灾区，除了他一家四人，朋友邻居都被感染。另一个没想到的是，父母的家庭医生竟然是华人里第一个感染的，作为把去看医生当上班的两老，本来以为万难幸免，所幸的是这个医生是在离开诊所，去曼哈顿进修时感染的，诊所里的医生护士病人都没影响。但即使这样，诊所还是宣布休业 14 天。

休业的诊所现在还是个案，休业的酒楼恐怕就不是个案了。在还没有疫情时，很多华人酒楼就只做早午市，不做晚餐了，唐人街餐饮重镇金丰酒楼被取消了千单订单，布鲁克林的金煌酒楼宣布休业两周，这些靠宴席赚钱的大型酒楼在疫风横扫下无可奈何。

本来从去岁暮秋开始，景气一直不好，如今更是雪上加霜，这个时期不要说扩张成长，就是活下去也已经是艰难。岁月静好时，自负泰山压顶的淡定，内忧外患下如充足气的气球，一戳就爆。感叹修行还是没到不动心，明师关照的功课，没有精神应付。

这段诸事无精打采的日子，也不是无所事事，答应为友人之诗《他乡的雪月风花》谱曲之事总算完成，也算是自救沉沦之举。环境艰难，更当勉力而行。

疫情开始前，七堂已经停止了各种活动，疫情开始后，今天的花道课，书法课，国画课都取消了。华人怕被感染，老外倒是不怕，一个老外的厨师团队月底在七堂办四场雅宴，我问他们的leader怕不怕COV，他说不怕，好，不怕那就继续。

疫情总是会过去的，生活总将一如既往，上次准备给戴晓莲老师喝的牛栏坑肉桂最后没喝上，现在就泡上，满屋生香，茶汤甘醇，牛肉真不是虚名。结束此文时看到纽约宣布进入紧急状态，感染人数 76 人。

3/9/2020

早起，微曦，一轮明月斜挂寒枝。月之圆之亮，天色之宝蓝，若置身迪斯尼动画中。

自然之美与人世间的纷杂丝毫无关。昨日睡前又闻锅大爷、新发饼店歇业，疫情还没爆发，八大道的店铺已纷纷关门了。想想关门可能是业主两害取其轻的选择，如果店铺真的中招，消毒、员工安置等等麻烦暂且不论，信誉上的打击岂是一下子就能复原的，宁愿现在歇业避风，风头过后再开，不失为明智之举，只是并没听说华埠法拉盛有哪家餐饮店歇业，或是布鲁克林的华人更惜命怕事。

早上有新闻说纽约市将为这次疫情中受损的小商户提供无息贷

款，雇员 100 人以下 $75000，6 人以下 $60000，但新闻里并没有给出具体的申请方式，弄不好又是白市长派的空头支票。

普林斯顿、哥大都已停课，提前进入春假。很多在曼哈顿的公司或已经或准备让员工在家里上班，大家都尽量避免利用公共交通。当然也有没什么事也要出门逛一下的人，比如我家两老，今天就去老人中心上英语课了，估计和他们一样热心学习的老人不少，年纪越大生活习惯越难改变。

下午去华人超市买菜，看见戴口罩的人突然多了起来，似乎布鲁克林戴口罩的都跑这里来了。每个收银员都戴口罩，超市里上货的员工也都戴口罩和手套，口罩五花八门都有，没人带 N95，最多是医用口罩，很多人戴的口罩并没防病毒效用，也就是戴个心理安慰。

今日气温如初夏，街上很多老外不论男女都已是短裤汗衫打扮，这等生机勃勃之势，新冠病毒见了也会惊得抖一抖吧。路过一指甲店，细看无论店员还是客人无一戴口罩，纽约的指甲店是华裔或韩裔天下，布鲁克林的指甲店更多是华人在经营，这家指甲店的店员明显是华裔，但都没戴口罩。其实平时指甲店的店员在给客人涂指甲油时会戴口罩的，今天不戴不知是否有意为之。

这些日子一直在读汉密尔顿，今天读到 1793 年 8 月费城曾经被黄热病肆虐过，其中描写有人用醋浸泡手巾捂住鼻子，有人大嚼大蒜，行人走路都走中间以免接触到人，见面当然就更不会握手了。那时不但费城被黄热病肆虐，纽约也被黄热病肆虐。也正是在此黄热病之后，纽约人认识到，华尔街周边的街道都太憋窄扭曲不通风，加速了传染病的传染。所以之后在纽约城市规划中，不再造路如羊肠，都采取棋盘格，并规定东西向的马路四五条后必有一拓宽的马路，从此纽约人不再因不通风而感染上疾病，如此街道分布格局，也大大降低了传染病传播的风险。那次黄热病之后，纽约有钱人纷纷搬离华尔街附近，在更北面构建新的居住区，从此也彻底改变了曼哈顿的地理地貌。

早上股市自 08 年后第一次熔断，纽约感染人数增加到 142，气氛越来越紧张，公交系统也呼吁感觉不适的乘客尽量不要利用公交，地铁会三天消毒一次，纽约市又将面临一次考验。

虽然全球都在被新冠病毒袭击中，物流还是在正常流动。中国疫情爆发后订的温州皮纸今天到了，这批皮纸从一个疫区跨到另一个疫区。

3/17/2020

早上下雨，小雨，淅淅沥沥，下到中午不下了。昨日和父母约好带他们去八大道买杂粮，前些日怕他们外出不方便，就让母亲写个单子，我去买，结果昨日看了那写了十几种杂粮的单子，有点懵，最后还是决定带他们去，让他们自己选买，以后再要补的话，我去补。

接了父母去八大道，途中，他们又去老年中心买了午餐，老年中心的午餐$1 一份，营养还算均衡，一周提供四日。去的时候尚早，餐还没到，先买了票去八大道买杂粮，趁母亲选购杂粮期间又送父亲领餐，一来一回没花多少时间。

车停 58 街，不久就有个位置，停好车，我也去逛下街。街上关门的铺子比前几天多，街上的人却一点没少，还更多。加上八大道 57 街处有施工，来往的车辆挤作一堆，更增添了繁忙景象，如果不是路上行人多戴口罩，真会怀疑这是在疫情蔓延中吗？

58 街街角处，本来有两个卖水果蔬菜的路边摊，现在空有摊位，人去菜空，只留下一些菜价牌。折进一家菜铺，买了三个茄子，一根萝卜，一袋青菜，一片冬瓜，$7 左右。又转进隔壁的饼店，饼店的座位都用胶带拉起来了，上面写着"政府规定，谢绝堂吃，只准外卖"，买了两个面包两个葡式蛋挞。又跨过马路，在一家店铺前买了一盒卤蛋（10 个 $3.50），一盒卤猪蹄 $4。

在人群里兜兜转转，买的都是吃的，想买个温度计，看到一家药房，门上贴着告示，意思是拿药的客人请敲门，在门口填表后，由里面的店员拿药递给客人，这家店员好怕病毒，竟然这样处理拿药，显然是不让人入内。转到另一家药房，大门洞开，没人在门口阻拦，问店员有温度计吗，店员说只有测耳朵那种，其他都卖完了，没想到温度计也成了紧俏物资。

此时两老也采购妥当，上车回家，在街上看到不少货车，有些还整板整板卸货，一派生意兴旺的样子。

回家后，吃了面包，练箫读书，偶尔刷下屏。看到朋友圈里青年剧作家朱宜的动态，不禁生出几分敬意。这个看似文静实则行动派的小女生，总是创意满满，这次不满于禁足家中，竟想了个每日从脸书好友中选两人一起在 Skype 闲聊 20 分钟的点子，这些闲聊的故事很有趣，试摘译如下：

郭蕾和她女儿。郭蕾，波斯顿媒体研究教授。我和她女儿互相炫自己的心头好，她炫了喜欢的玩具和书，我炫了 You Never Touched The Dirt（去年上演的，朱宜编剧的外百老汇剧）里母羊和小羊道具。蕾现在在网上教课，今天她们的户外活动是去楼顶，我答应寄一些小孩的口罩，这些口罩是从国内一个朋友那里碰巧拿到的，女儿很期待这些口罩，这样她就可以戴口罩在外面玩了。

Pixy 廖，一个住在布鲁克林的艺术家。她和她丈夫一个星期没下过楼，我们讨论了度过灾乱期的最佳家庭构成，一个人，两个人，还是更多人，大家都同意答案是两个人，而且两个人的防感染想法必须一致。她告诉我会有两个展在加拿大和瑞典，希望不会被取消。我了解了一个视觉艺术家的日常，她帮我头脑风暴了我一出戏的剧情，我们都承认我们的创作力要比平时低，我们都太渴望按快进键看这场危机了。

Nadia 郑，专注于肖像和活动的摄影师；MG，一个交响乐和游戏音乐的作曲家，住在蒙特利尔。Nadia 在疫情开始前就避开客户，MG日常工作没有影响，但巡演取消了，所有音乐家都失业了。他们告诉我政府不给有症状但没去过中国的人测试，所以官方公布的数据不真实。一些本地和唐人街寺庙的雕像被破坏，有个年轻华人当街被刺。他们注意到他们的消费习惯迅速改变了，前些日子他们在一家超市尝了一款好吃但很贵的蛋糕，最后没买，现在突然决定买。MG 的父亲多年前从法国搞了瓶和 MG 一样年纪的古董红酒，他们一直想找一个特殊的日子开来喝，昨天他们开了喝了，还有什么日子比疫情更特殊呢。

　　Jenifer 姜，芝麻街制作经理，我们约会"晚餐"，我上次和她说话已是六年前了。最近她搬到皇后区在家里工作。午餐的时候她去泰菜馆买了两份外卖，一份留到晚上吃。我们聊了川普的"中国病毒"推特，她担心自己的安全，我们都远离家人一个人生活，我们交换了防范抢劫、仇恨罪和感染的小经验，她两个洛杉矶朋友一个曼哈顿同事感染了，她感到感染的脚步声越来越大离她越来越近。她曾经是电台主持，现在想开直播，分享疫情中的经验和寻找安慰，我分享了怎么从技术上开始直播。

　　3/24/2020

　　纽约的三月阴晴不定，昨日阴雨霏霏，今日艳阳高照。从疫情开始到现在，两周过去了，这些天确诊的人数翻倍在涨，这和检测能力不断提高有关，每天能检测的人越多，检测到的阳性就越多，根据今天下午 5:00 的统计数据，纽约确诊累计 15597，其中皇后区4667，布鲁克林 4407，曼哈顿 3013。两周前疫情严重的曼哈顿，现在已经不那么被瞩目了。

　　经过纽约大学附属医院时，看到急救人员还是没有防护服，也没有戴口罩，医院急症室的护士戴上了口罩穿上了防护服。

　　好几个本来已经停业的客户现在又开了，而另一些开了段时间的客户却选择了关门。应开门客户的要求，今天给他们补一些货。本来想用私家车送，但货量还蛮多的，一台本田的面包车给 TAKA 开走了，公司里只有 Van。很久没去公司，今天看到厕所里本来存的一大包厕纸没有了，肯定是被谁拿走了，厕纸荒无远弗届，鄙司厕所也难逃一劫。

取了货上 278 高速，过炮台隧道后就开始堵，一直堵到布鲁克林桥前面，想政府不是不让出门吗，怎么和平时一样这么多车堵在一起呢，原来是在布鲁克林桥前修路封了只剩一条道。后面都非常畅通，包括平时每天最堵的荷兰隧道都很畅通。

在新州 95 公路往北开的时候，Van 的电池灯亮了，想 Sprinter 这个型号的车都有电路问题，可能又是微电脑那里搭错电路了，没太留意，但之后一直没熄火，怕熄火后就打不着了。

从新州回纽约过华盛顿桥，走 87 公路过三区大桥进皇后区再进布鲁克林。一路上车辆不少，但和平时差远了，交通情况就像平时的那些州府城市，比如纽约州的 Albany，康州的 Hartford，路上车不少，但不会堵，而且车速不慢。

新州几个小镇街上人很少，一些规模不大的 Shopping Center 几乎没有人，气氛安谧。反倒是布鲁克林的街上行人依然不少，一些咖啡店门口还有人聚堆，看到一招牌写着"雅典市场"的门口坐着一些老人，布鲁克林有希腊裔社区，希腊裔超市和餐馆都很小不大。

布鲁克林街上的行人和平时有变化，几乎看到的每个在路上走的人都有口罩，但没戴，或挂在耳上，或拎在手里，或拉到脖子下，他们都只在人多的地方戴，到空旷的街上就不戴了，毕竟戴口罩不习惯。

Van 开到 Bayridge PKW 靠 New Utchen Ave 时，仪表盘上的灯一个个亮起来，最后仪表盘暗了，引擎停了，车抛锚了。确认再发动不起来后，打电话给修车的阿青，阿青说可能发电机坏了，他联系了拖车公司，一个小时后拖车来了，此间车辆来往不断，说好的禁足在家呢。大巴似乎比平时还多，很多大巴上没有一个乘客，有几辆坐了不少人，没见人戴口罩，而且也没有保持社交距离。

拖车司机戴着两个口罩跳下车来，光头壮实，肌肉鼓鼓的手臂上有淡淡的刺青，干活非常麻利，没有多余的动作，几下就把 Van 拖到拖车上了，先送我回公司，然后把 Van 拖去车行，阿青明天开工，应该可以修好。歇了一周后一干活就出状况，就像忙惯了的人，停下后就一场大病。

疫情肆虐中的纽约，按下暂停键的纽约，似乎一下进入了一个全民放长假的状态，一个感恩节圣诞节新年被放在一起延长的状态。街上安静，车流井然，行人从容，市面上的纽约一派岁月静好的样子。

3/29/2020

果然，越来越多的华人超市歇业了，最大的原因还是没有人工作，其次是货运，特别是鲜鱼鲜肉新鲜蔬菜，都需要每日供应，一旦这些农场、货运公司停了，超市的存货一空，即使开门营业也无货可售，不得已很多超市选择关门。

疫情的进一步发展，也使得居家令延长到了 4/15，看势头，还会延长。从疫情开始，每日一流水，已经流了 23 天，感觉真正的磨砺才刚开始。

近日有一段地铁车厢拥挤的视频在油管流传，上传者是家住布朗士去皇后区工作的医务人员，拍摄时间是 3/27。视频里，上传者一边拍车厢里人挨着人的场景，一边说"我们都要他妈的去死了"。车厢里戴口罩和不戴口罩的一半一半，戴手套的只有拍摄者一人。车厢拥挤源于地铁少，20 分钟才来一班。交通局也有苦衷，到目前为止他们的员工两人死亡，百人感染，千人被隔离，显然地铁已经是一个最危险的传染源。

好在明天开始贾维茨中心的方舱就能启用了，越来越多的病房在改建成传染病房，无论防护资源，还是医护人员都在向纽约集中，似曾相识的一幕在纽约重现，今天的 692 短信最后三条，有一条原文是这样的【Notify NYC：New Yorkers：Help slow the spread of COVID-19. Stay home to save lives. When you go out, you put yourself and others at risk. 】，用了很严厉的语气警告外出者，是把自己和别人陷入危险之中。

　　不知道为什么，整日在家，反而效率不高，浑浑噩噩的，不想上进，已经有一阵没练字了，做什么都有些心不在焉。今日练梧叶、梅花、渔樵都有一处忘了怎么弹，特别是渔樵有一处 2，到底是散音四弦，还是按音，来回倒腾了好几次，才找到是按三弦十徽。古琴的难处就是即使记住了音但忘记了指法的话，还是弹不下来，忘记指法的时候，不要急着去找谱，尽量反复来回，找断了的肌肉记忆，这样找回来的话，肌肉记忆就会强化，不再容易忘。古琴也好，箫也好，最舒畅的境界就是在演奏中，脑子不用想下个音是什么，一个音跟着一个音，由指尖自然而出，弹前不知何音，弹后忘记何音，一曲终了，不记一音，这才是至乐之境。说的玄乎，其实就是肌肉记忆。

4/8/2020

　　凌晨被猫打架的凄厉叫声吵醒，下着雨，还不小，嘀嗒淅沥。好奇心起，想看看猫是怎么打架的，凑窗前一看，昏暗的灯光下，只看到两个影子，一前一后豕突而过。

　　猫竟然能发出这么大叫声，堪称惊天动地。奇怪的是猫的"嘎—嘎—"声中，还夹杂着"咔啦""咔啦"的声音，明显不是猫的叫声，难道是浣熊的叫声，但附近从来没有看到过有浣熊出没，真有浣熊的话也不奇怪，附近有好几处颇大的公园，有野物藏身期间，不足为怪。暗阍中，叫声渐止，一只大猫，沿墙根缓缓回来，似已将外敌驱之境外，猫影没入阴影，不见。

热闹没看个究竟，有点遗憾，继续睡觉。醒来，雨已停，撕块土耳其手工面包，切几片挪威熏三文鱼，泡一杯汉中仙毫，土耳其面包并没什么特别，现烤的土耳其大饼才好吃。

今天要去新州 Newark 办事，上 278，过布鲁克林桥，过荷兰隧道入新州。过布鲁克林桥时又堵了，有工程车封了一条线。进曼哈顿下城，到荷兰隧道入口处，一路车辆稀少，往日人来人往，车辆拥挤的下城，空旷得如华盛顿周末的街道。而平日要两线排队，才能进荷兰隧道，今天则寥寥数车。进了新州，更是空寂，办完事回到布鲁克林，来回一个小时都没有。本来想在新州加油，可荷兰隧道入口附近的油站价钱都不便宜，和纽约的油价差不多，都在 2.14-2.29 之间。

事办完回到家，才不过中午 12:00，不堵车的效率就是高。午餐番茄炒蛋，麻婆豆腐，大头菜炒肉末。肉末就是前日买回的但马黑毛和牛，可品质被煮家一眼否定，想想也正常，一般肉糜都是最容易做手脚，如果不是印着但马和牛，真不会买。

午饭后继续学习诗经的用韵，诗经 305 首诗，没用韵的只有 7 首，都是关于祭祀的，可能从卜辞而来的缘故。诗经的韵脚规律影响了后来的诗体，无论古风还是格律诗的用韵都承袭了诗经的用韵规律。学《说文解字》第六课，此课大王着重讲了"礿"，从"礿"到"约"到"消"，一路追踪，这些字都有少、减少的意思。今日练大胡笳，长门怨，龙翔操。

今天公布了族裔死亡率，西裔 34%，非洲裔 28%，白人 27%，亚裔 7%。亚裔少，应该跟对疫情重视，注意保护有关。

唐人街的香港超市卖高价口罩被罚 7 万美金，一盒 50 个的外科口罩卖到了 $175，被人投诉。而另一边的上海餐馆老正兴在店里卖起了蔬菜。生活似乎和原来没什么异样，但改变都是悄悄的。

江 南

纽约：来自疫情灾区的鸡汤

既然家乡回不去，就跟熊爸一起煲鸡汤，安下心来过我们的疫区生活吧——试问岭南应不好，此心安处是吾乡。

纽约客

我们是 2018 年 8 月搬来纽约的。在过去的一年半里，我一边想念着安娜堡的宁静宜居，一边抱怨着纽约的拥挤喧嚣、脏乱差、房价贵以及推娃成风。前不久还有朋友问我，有没有喜欢上这座魔性十足的大都会，我说并没有。然而神奇的是，当这座城市在一夕之间沦陷，成为病毒肆虐的重灾区、风暴眼时，"坐困愁城"的我却突然对它有了一种奇怪的归属感。大概这就叫患难与共吧。又或者是因为，实施了社交疏远（social distancing）的纽约，才更适合我这个有一定程度社交障碍的中年人。

3 月 15 日周日下午，纽约市在挣扎了一周之后，终于决定让这个全美最大的公立学校系统停课。幼儿园跟进，图书馆跟进，于是我们在晚餐桌上陆续收到通知，熊娃们不用上学了，我也不用去图书馆上班了——改为在家工作。熊爸的应激反应是去买咖啡，我则趁机抢先向熊娃们公布了这个消息。他俩一齐欢呼："耶——不用去上学了！""别高兴得太早，不上学可不等于可以整天看电视，而且图书馆、博物馆也都关了。"妹妹马上接口："可以去 playground ！"哥哥则以一句"听起来好像是不太好玩"表示了"谨慎乐观"的态度。

3 月 17 日傍晚，手机收到 Emergency Alert 警报，根据警报提示，我订阅了纽约市关于 COVID-19 的通知短信。此后的每天，都会收到几条开头标注着"Notify NYC"的短信。第一条就是：所有学生都可就近到任意学校入口领取免费早餐和午餐。本周一我们去领了两份：餐食就是平时学校提供的那种，最简单的三明治，加一小盒牛奶、一个水果，营养足够，口味就谈不上了。食物都是有独立密封包装的，领取的过程也还算安全。

非必要企业全部关闭，全州进入暂停状态，尽量不出门，保持社交距离，学生没有上网课的设备可去学校领取，小微企业主可申请贷款，征集医务工作人员，征集制造厂商，商家非法涨价可举报，雇主违反劳动法规可举报……两周以来，短信通知一条一条接踵而至。今晚 6 点多收到的是：有骗子冒充市府给市民打电话，说要安排检测，请不要上当，有问题直接打电话给你的医生或 311。

遛神兽

在家工作也还得工作，失学的熊娃们却是切切实实地砸在手里了。于是，我和熊爸尽量错开工作时间，总得有一个人负责看管神兽们。转为远程工作的第一周，我的工作内容基本上就是开会，讨论如何远程工作。我抱着笔记本电脑从楼下转战到楼上，最后躲在小卧室里床后的角落，饶是如此，还是让同事们听到了神兽们拾级而上的"噔噔噔噔"，和随之响起的一句中气十足的童声合唱："PJ Masks saved the day!"等我开完会合上电脑，从角落里转出来，看到大卧室已经被改造成了一座中世纪战时的城堡，两位骑士合力往城墙上搭起桥梯，正在奋力攻占城头。

熊爸要上网课当主播，该写的论文也还得写。这时候，我就充分发挥一位温柔又有趣的妈妈的人设，想方设法把神兽们诱离现场——若有警觉的陌生人旁观，恐怕会怀疑我是人贩子。前几天天气晴好，我便操起刚刚置办的农具，领着熊娃们来到后院，开始垦荒。

好几个月没去后院，在这早春三月里，倒也能寻见几分春光。

去年秋天花了一个下午拔得稀稀落落的草地上，散落着几小丛负隅顽抗（真拔不动）的钉子户，如今才知道原来竟是我很喜欢的藏红花，已经有白色和紫色的花骨朵含苞挺立。落满枯树枝的小花坛里，也有两株风信子悄然露头，还有不知名的紫色小花，文文弱弱地静静躲在常青藤丛中。熊娃们前些天刚经我介绍认识了野葱，于是兴致勃勃地拔了许多，说要拿回去煮面条吃，还迫不及待地要进屋去向爸爸炫耀：“你闻闻，好香呢！”

经过几个午后的开垦耕作，在童工们的帮助（帮倒忙）下，我清理翻挖出一小块地，播种下了第一批的韭菜、豌豆和菠菜。这些种子的包装上说，发芽温度在 15-22 度；其余的都是 20-25 度，就再等等吧。今天阳光又很好，我让熊娃们在花盆里播下了黄瓜和向日葵的种子，然后把花盆搬进屋里，算是温室育苗吧。

天气好的傍晚，也会带熊娃们绕着家门口的街区骑车遛上两圈。路上间或遇到跑步或遛狗的人，远远地打个照面，便心照不宣地拐到马路对面去了。周末实在有点闷了，我提议去北边靠近海湾的公园放放风。阳光灿烂但气温只有 2-5 度，我想那个稍嫌偏远的公园，人应该不会多。说偏远，其实就在我们这片居民区的北端，七拐八弯地开过去也就几分钟路程。但确实没什么人，偌大的一片林间绿地，只先后遇到两个遛狗的人，还有刚到时，远远看到入口处有两位警察骑在高头大马上聊天。说起来，住在这个叫做 Bayside 的地方有大半年了，这还是第一次来到 Bayside 的 bay side（海湾边）。走到海湾边的亭子里眺望一下，逗留不过两三分钟，便觉得头被冷风吹得生疼，连忙赶着熊娃们往回走了。

口罩，还是口罩

今天的疫情通报，美国的数据已经超过了中国和意大利，稳居第一。纽约州是美国的重灾区，纽约市又是纽约州的重灾区，所以我们无疑就相当于是在武汉了。就像是一个多月前武汉故事的重播一般，纽约各医院纷纷呼告，医护人员防护用品紧缺，纽约已有一位护士殉职——一样的让人揪心。

作为一名"打全场"的纽约华人，我像没头苍蝇一样，试图从国内寻找可靠货源，帮着与这边的政府或医院采购联系对接。然而东碰西撞地折腾了两三天，研读了好多个采购标准文件，加入了好多个捐助群、团购群，询问了好多个货源厂商，最后徒劳无功，只有全场挨打的份。

我只能默默地整理一下表弟两次寄给我的几十个五花八门的口罩，分配好它们的去处：自家留下够用的，然后给垃圾工、邮递员各一份，明天把剩下的送到附近的警察局去吧——NYPD 已经有上百名员工感染了。看着我分装口罩，熊哥问我要给谁，我说给现在还在为我们服务的 community helpers，他马上如数家珍地列举起来，还老气横秋地拍拍我的胳膊说：You are doing a good thing, Mommy!

政治与瘟疫

当川普在他的讲话中多次使用某个词语时，新闻里有亚裔人士称，至暗时刻到了。我却想起《权力的游戏》里，早在第一二季就时不时地冒出来的那句"Winter is coming（凛冬将至）"。川普的暗黑言行早已罄竹难书，北美疫情甫一开始，他就要挟 CDC 与他统一口径，连"美国钟南山"福奇医生（Dr. Anthony Fauci）都只能扶额苦笑："我总不能跳到话筒前把他推下去吧。"时间拨回到 2 月 6 日下午，就在我为李文亮医生去世而失声痛哭时，熊爸点开了新闻直播，我们听到了对川普的弹劾结果——Not Guilty，后来熊爸就发朋友圈说这是美国历史上的至暗时刻，因为总统公然践踏宪法而没有人能够制约他。时间再拨回到 3 年半前，大选结果出来时，我们当时所在的大学里就有不少人悲愤哭泣，说这是至暗时刻。

3月以来，纽约州州长突然成了网红，一会儿有大批中年妇女被他的风度迷倒，一会儿又说他是哥谭的蝙蝠侠，纽约人民的希望。我还是参照熊哥的谨慎乐观态度吧，政客终究是政客。除了在推特上怼川普让全世界人民解气以外，州长的每日疫情报告还是很有专业水准的，做 presentation 的上乘功夫堪称职场利器，这一点州长当为我辈楷模。

我们的世界里没有超级英雄，只有血肉之躯的普通人——医务人员、警察、消防员，都有人在战斗中倒下，而凛冬一直在逼近。人类历史上，历次瘟疫中，击溃人类的，其实从来都不是病毒，而是因为极少数人的利益、野心或政治斗争而导致的，人与人之间的分裂。当然，我们现在的说法是，在人类与瘟疫的战争中，人类从来没有失败过，因为只有人类灭亡才能算失败。谁知道呢。

人口普查

最后假私济公一下，说说我的工作——人口普查。

大家应该都收到了人口普查局寄来的邀请信，按信中指示上网填表，10 分钟，10 个问题，事关今后 10 年的福祉。不论国籍、身份，不论年龄、职业，只要是居住在美国境内的人就要算进去。人口普查的数据，决定了你的社区能够从联邦获得多少公共资源，决定了你的州的议员席位数、在选举中的投票份量，也决定了你所在的社区会有多少医院、医护人员以及重症病床。Census 2020 的数据，甚至还很可能会决定，若干个月以后，你的社区能分发到多少支新冠肺炎疫苗。

3/28

"全州暂停"中想念图书馆

3月15日的晚餐桌上，叮咚叮咚声突然此起彼伏地响起，手机上相继收到几条短信和邮件通知：由于 COVID-19 疫情严重，纽约市公立学校系统将于次日开始关闭，孩子们的幼儿园随之关门，皇后区公共图书馆系统也将同时关闭所有分馆。自此，大人在家工作、小孩晋级为失学神兽的日子正式开始。

"你们明天不用上幼儿园了。"

两只小神兽欢呼雀跃。

"图书馆也都关门了。"

"啊？！那要关到什么时候呢？"

谁知道呢？通知邮件里的措词是 until further notice，也就是说，君问归期未有期。

就在刚过去的那一周，我还按照工作安排，轮流在四家不同的图书馆分馆各待了几个小时。彼时已是山雨欲来，在离开每一处分馆时，我都和我能找到的每一位工作人员郑重道别，并往书包里塞满了大大小小的绘本童书。这会儿一听到图书馆闭馆的消息，熊爸立刻跳起来，拉着熊哥熊妹跑到书架前，把我这周借回家的书堆在一起，来来回回数了三遍——共72本。我掐指一算，够读两周的。全家大小四张脸上都露出了"我家有矿"式的诡秘笑容，和网上疯传的坐在卫生纸山上的人脸上的神情一模一样。

时至今日，已经过去整整10周了。在这段所有人都足不出户的日子里，每天和无处安放的神兽们在同一个屋檐下，闪转腾挪着开无数个网络视频会议的我们，最想念的场所是哪里？最合口味的餐馆、最爱去的咖啡店、孩子们最喜欢的游乐场、科技馆、博物馆……于我们全家而言，答案就是图书馆。

尽管我把每晚的睡前读书从 4 本减到了两本，那 72 本书，也已经跟孩子们来来回回读过三遍了，家里不多的藏书也早就见底了。好在我家的神兽们还算容易满足，总有些书能让他们百读不厌。一本书读到最后，封底上常有整个系列所有书的封面照，那便是最引人畅想之处——"等病毒走了，我要去图书馆借这本，这本，还有这些，全部！"这样的话，神兽们每天都要重复几遍。显然，再百读不厌的书，也挡不住我们对图书馆里如列队士兵般排得满满的书架的思念，还有儿童区的玩具、拼图和涂色纸，故事会、手偶剧、周末的儿童观影会，轻轻松松就可以消磨掉大半天的日子，叫我如何不想它。

"我真想念我的图书馆。"一家分馆的馆长在邮件里这样写道。

我在回复中说，我，哦不，我们全家人，也非常想念它。

1

我对图书馆的热爱由来已久。当年初来美国时无所事事，整日流连于中世纪迷宫般的大学图书馆里，找一个靠窗的角落，或沐浴冬日暖阳，或对着一窗雨雪，窝在舒适的沙发里，偶尔学习，有时读书，总是发呆。

后来熊爸毕业找工作，我们搬到了密歇根州的安娜堡。5 年前初为人母，所有的风花雪月立刻离我远去，取而代之的是儿歌、绘本、育儿经；我最常出没的地方，也从"阳春白雪"的大学图书馆转向了"下里巴人"的社区公共图书馆。

安娜堡的公共图书馆可以说是我作为新手妈妈成长的摇篮。早在医院的产前课上就看到图书馆的亲子活动介绍，熊哥出生后，我眼巴巴地等到他五个月能自己坐稳了，便迫不及待地带他去参加图书馆活动，从此一发不可收拾。

我在图书馆里跟着讲故事的儿童图书馆员，学会了怎么跟宝宝玩、如何给宝宝读书,学会了许多儿歌和律动游戏,学会了观察和引导宝宝的成长;在这里认识了很多同龄宝宝的妈妈朋友,也为熊哥找到了他人生中最早的几位朋友。

那时的我,夜以继日地在小奶娃的吃喝拉睡中挣扎,沮丧、焦虑、困顿、疲惫、睡眠不足,每次在图书馆的时候,便是我将头伸出水面透一口气的最好时光。在那些"图书馆育儿"的日子里,我常常想起那句著名的非洲谚语,"养育一个孩子要举全村之力"(It takes a village to raise a child.)。

记得第一次走进安娜堡中心图书馆的少儿区时,我像触电一般被震撼到了,大概就是看到了"天堂的样子"那种感觉。那是我第一次知道少儿读物还可以有这么多不同种类,绘本、卡通、漫画、图文小说(graphic novels)、非虚构以及各种专题系列。少儿区的藏书之丰富、巨量,让我叹为观止;当然,现在回头再看就知道,那里的少儿区藏书在美国的公共图书馆中远远算不上特别多的。后来熊爸第一次走进那个少儿区,发出了和我当时一样的感慨:"我小时候家附近要是有这样的图书馆,我一定愿意天天住在里面。"

2

2018 年夏天,因为熊爸工作的原因,我们全家恋恋不舍地离开安娜堡,搬到了纽约。

安娜堡的图书馆大多时候是安静的,空间上也是宽裕有余。而到了寸土寸金的纽约,空旷安静就成了遥不可及的奢侈品。皇后区图书馆有 65 家分馆,其中绝大多数都没有自己的停车场,这意味着我们只能去步行可及的分馆。我们慢慢适应了图书馆的拥挤和繁忙,毕竟这里是纽约。

孩子们很快就都上幼儿园了,我们只会在周末去图书馆,让兄妹俩玩玩拼图、涂涂画画,然后和他们一起挑一大兜书借回家。即便如此,图书馆依然是除了家和幼儿园以外,兄妹俩最熟悉的地方。

2020 年是美国 10 年等一回的人口普查年，今年的人口普查第一次以网上填表为主要途径，在公共图书馆设有专用的电脑、安全无线网络等装备的人口普查站，供没有网络或设备的人们用以上网填表。一直想去图书馆工作，却因没有图书馆专业学历而不得其门而入的我，找到了一个机会，成为一名在图书馆工作的人口普查导航员，利用双语的优势，向人们宣讲人口普查，回答与之相关的问题并提供帮助。我每周轮流在皇后区图书馆的 4 家分馆工作，法拉盛图书馆就是其中之一。

法拉盛图书馆是我见过的世界上最繁忙的图书馆，站在大厅入口处，看着川流不息进进出出的人，会让你觉得这里更像是个车站之类的地方。每天早上开门前，门口的台阶上就挤满了等着开门的人们。远远不止于借书读书，除了图书馆提供的各种信息咨询、培训和活动，还有很多其它机构和组织也在这里借用一席之地，为人们提供各种服务。这是一个集各种功能于一身的社区公共服务场所，人们抱着各种各样的问题，来这里寻求帮助或解决问题。

3

第一次到法拉盛图书馆工作，馆长领着我在四层楼里上下参观了一圈，回到进门的大厅，扫视这里的各个角落，想给我找个合适的"工位"。进门左边是一列服务台和自动还书设备，正对面的一张长桌和整个右边则被纽约市民卡办理处占据。通道中央是问讯台，排成椭圆形的柜台圈出一片两平米左右的空间，工作人员就坐在里面。馆长最后决定将我安置在问讯台里。

那是 3 月初，疫情已经开始悄悄蔓延，往日门庭若市的法拉盛图书馆显得清静了不少，大厅里虽然依然座无虚席，门口进出的人流却和门外的主街（Main St）街头的人流同时变得稀疏起来。馆长说，这几天人流量大约只有往常的一半，这是从来没有过的事情。

尽管如此，坐在问讯台里的我，一分钟也没闲下来过。坐在我旁边的是"正牌"馆员 John（化名），花白头发，身材瘦小还略佝偻着背，工作起来倒是十分精神而且利索。他笑眯眯地一再跟我说，只要把上前问讯的顾客都指到他那边去就好。但他实在忙不过来，且有很多人是不会说英语，冲着我这张华人面孔来的；而我的本职工作，与人口普查相关的事，大多尚未正式展开。于是我顺水推舟地偷偷体验了一回我的梦想职业。

　　这天来问讯的顾客，有一大半是来申请免费代理报税服务的，这是一个公益组织在这里进行的服务，我只需指着楼梯的方向告诉他们去地下一层即可。

　　"请你帮帮我可以弗啦？"

　　我恍惚了一下，才勉强听明白这句纯正的上海话。

　　柜台外站着一位颤颤巍巍的老太太，灰白的齐耳短发一丝不乱地梳在脑后，衣着洁净熨帖，脖子上还系着一条深绿底色的碎花小丝巾。

　　经过一番艰难的对话，我总算弄明白了她的意图：她想请我帮她报名，参加正在楼上开讲的公民考试培训，说希望能成为公民，因为她想要参加投票选举。

　　我于是搀着她坐电梯上到三楼，找到那个会议室，跟门口登记的工作人员说明情况，帮她补上报名，并确认他们有中文服务，才送她进去坐下。老太太拉着我的手一叠声地说："谢谢侬谢谢侬！"我看到有位华裔工作人员过来招呼她，这才放心离开。

　　才刚回到座位坐下，又听到一句带着焦急的"你好，我想请问一下……"，抬头便见一张面色红黑的国字脸，眉头拧得像一张拉紧的弓——是个身板墩实的小伙子，身后还跟着个差不多年纪的姑娘，两手紧拽着身前的背包带子，满脸忧心忡忡的样子，左顾右盼地打量着四周。

　　"现在这个病毒搞得严重起来了嘛，我想打听一下，那个，免费医保的事。"

原来他们是想起前段时间听说过，纽约市会给包括非法移民在内的低收入居民提供免费医疗保险，他想咨询要怎么申请这种保险。

我转头问 John，他说这里目前没有提供相关的服务，建议他们上政府部门网站去查找信息。我转告后，小伙子说，"可是政府网站都是英文的，我看不懂啊，请你帮我查一下行吗？"

我低头登录进台上的电脑，花了五六分钟才找到一个有中文服务的电话号码，然后把屏幕转过去给他拍照。小伙子仔细地念了一遍电话号码，旁边的姑娘连忙拿出手机拍下，两人的神色都舒缓了一些，急匆匆地道谢离开。

后面有位大姐已经等了一会儿了，她走过来开口就问："请问这儿卖书吗？"我说，现在没有，但只要办张卡就可以免费借书。

"我有卡，就怕借了忘记还，要罚钱的吧。"

"可以在网上续借的，还书也很方便，在任意一家分馆，都不用进门，外面就有还书设备，塞进去就可以了。"

她迟疑着，又说，她儿子上高中了，除了上学就是宅在家里上网打游戏，她很担心，想借些心理辅导的书回去给儿子看。我把青少年读物区的方位指给她看，并告诉她那边也有会说中文的馆员可以帮她，还是忍不住补了一句："我建议您最好还是劝说孩子自己来借书还书，图书馆也有公用的电脑可以上网，还有很多活动可以参加。"大姐满意地往青少年读物区走去。

这时，我看到之前那位上海老太又摇摇晃晃地走了过来："姑娘，你人好，我还是再请你帮忙吧。"

原来她在楼上咨询了半天，自己得出结论——就算是有培训师帮忙，自己不会英文，入籍这事终究还是很难办成，于是她决定要学英语，问我这里有没有地方可以学。我暗暗咋舌，心想这样一位看上去至少得有八十多岁的老太太，行动力和学习劲头比二十多岁的年轻人都强，不知道她背后有着怎样的传奇故事。

楼下的成人学习中心就开设了不同级别的英语课，但不巧这天要下午一点才开门，我于是从密密麻麻的活动告示板上找出了英语课的单页，用笔勾出初级班的时间以及联系方式，交到老太太手里，目送她走出去。

就这样一个接一个地，整个上午我都在给这些人回答问题、寻求帮助，或者指引他们去找能回答他们问题的人——这就是 John 每天的工作。这完全颠覆了我之前对图书馆员工作的想象，也让我对自己目前的工作有了切身的体会。

在开始工作前的多次培训中，反复提及的一个问题是，图书馆在本次人口普查中的角色和作用是什么？培训师给出的答案是，部分民众对政府的不信任是人口普查工作中的巨大障碍，解决方案是，与当地的各种公共机构、民间组织和社区团体合作，让人们信任的人去说服他们——图书馆就是一个这样的机构，而图书馆的工作人员，比如这里的 John 和我，就是人们信任的人。

在那个疫情暗涌的时候，就在法拉盛图书馆，我第一次体会到了这种被信任、被依赖，也感受到了一种，暗藏在这个复杂多元的城市里，渗透到街头巷尾的，公民社会的文明的力量。

4

在我工作的其它三家分馆，我见到的又是另一番景象。这三家分馆都比较小，平时人也不多，比较安静。然而每到下午两三点钟，就会突然变得热闹起来，因为这是公立学校放学的时间。

皇后区图书馆在二十多家分馆开设了免费的课后班，而即便是没有课后班的分馆，每到这个时间也会有很多中小学生涌进来，在这里读书学习，小组讨论，完成作业，当然也有吵吵闹闹和上网玩游戏的。在 Queensboro Hill 图书馆，我看到孩子们坐校车过来，一进门就像回到自己家似的，一边熟稔地和管理员拉闲话开玩笑，一边落座摆开作业书本。在少儿区图书馆员的座位后面，还骄傲地陈列着课后班孩子们送给她的手工作品。在离我家最近的 Bayside 图书馆，更多的则是老人从附近的学校把孩子接来，送进课后班，自己则坐在门口的沙发上读报纸看杂志。馆长 Jean 在忙碌中也会不时低声叫出某个中学生的名字，提醒他们不要吵闹，回头又跟我说，今天来课后班的孩子又少了几个，因为病毒的原因。

这时我才恍然明白，皇后区图书馆虽然从环境和用户体验来说远远不如安娜堡图书馆，但作为一个公共服务机构，如果从服务的人口数量和所提供服务的种类范围来看，其功能和效率其实可以说是更强大的。

就像对纽约这座城市一样，在搬来之前以及搬来后一年半的时间里，我一直不喜欢它，抱怨这里的脏乱差、拥挤喧闹和昂贵，想念安娜堡的宁静宜居；然而就在它成为疫情风暴的中心，很多人纷纷逃离之时，我却蓦然从"社交疏离"中的每一个社区、每一家营利或非营利的机构、每一条街道、每一家店铺乃至每一个纽约客身上，看到了一种动人的力量，我突然与这座魔幻的城市发生了联接，对它产生了一种奇异的归属感。

3 月 16 日图书馆关门后第一周，我们每天都在开会，头脑风暴，讨论我们可以各自在家里，做一些怎样的远程工作。第二周，在图书馆的网站上、Facebook 主页上、Youtube 频道上，就陆续出现了各种工作成果。首先当然是电子读物的规模得到了极大的扩展。儿童馆员们录制了读书讲故事的视频，其中还有西班牙语和英语、中英文双语的，每周定期在 Zoom 上举办线上故事会，也有中文故事会，还有折纸手工课、少儿编程课。给成人的有线上的就业指导、瑜伽课、理财课、心理疏导课，也有移民法律咨询，新手妈妈互助组，有针对老年人的电话会谈项目，甚至还有名师的中国古典舞课。法拉盛图书馆的副馆长邱先生文学造诣颇深，便办起了线上中国文学与文化沙龙。我们的人口普查宣传也不能缺席，我们在线上组织了西班牙语、中文、俄语、韩语、孟加拉语等多场多种语言的人口普查答疑会，也做了一系列的讲座和研讨会。而最受欢迎的线上活动，则是一位嘻哈音乐 DJ 主持的音乐分享会。

在纽约疫情最紧张的那些日子里，每天闷在家里，看着飞速攀升的数字和骇人听闻的新闻，我常常会想起我在法拉盛图书馆遇到的那些人来，上海老太、年轻情侣、大姐和她的儿子，还有 John，不知道他们现在都好不好。

在皇后区图书馆的关门通报邮件中，还不起眼地提了一句：在不得不全部关上大门以后，所有的图书馆都保留了最后尚能保留的一项服务——免费无线网络。据 IT 部门统计，目前仍有数千人依赖于各分馆墙外的无线网络信号来上网。IT 部门于是特意挑出被使用最多的几处分馆，对网络信号做了加强处理，好让人们使用得更顺畅。我眼前浮现出一幅画面：几个无家可归的流浪汉，三三两两偷溜出家门的中学生，坐在图书馆门外临街的窗台上，低头专注地看着手机。我莫名地感到一丝安慰。

最近全美国都在筹划着各行各业的逐步重启，图书馆也不例外。自从我向家人透露了这个消息后，每次我开完工作会议，熊哥总会眼巴巴地追着我问："哪家图书馆会开门？什么时候开？"我们都在盼望着，盼望着图书馆开门，盼望着走出隧道，拥抱光明。

坠落的天使（毛毛作品）

刘荒田

旧金山疫中随笔（二帖）

一、当时光漫流过"居家抗疫"

2020 年三月到四月，在旧金山居家抗疫一个月，除了一星期外出购物一次，其余时间独沽一味：宅。所谓"久病成太医"，同一桩事重复地做，久了，即使没长进，也有新的发现，比如，对古希腊哲人描写刻板日子的隽语："你看我的一天，便知道我的一年"。感到，它未必全然指向单调乏味。不错，人生至此，成了儿时的"描红簿"，每一页日历都是从前一页"翻印"的。按过去的经验，重复造成无聊、烦闷、焦躁，日脚于是乎拉长。木心的《从前慢》称："从前的日色变得慢/车，马，邮件都慢/一生只够爱一个人"。今天，日复日地"门虽设而常关"，状况是不是类似？

教我惊奇的自我感觉竟是：时光的流速快得不可思议。"一眨眼就是一个星期"——每一个星期六早晨醒来，撩开窗帘，都要这般叹息。星期一不就是昨天吗？何以从星期二起被省略了？是不是一个个日子相似度太高，怎样叠加，记忆中依然是"一天"。

当然，稍作考察便明白，重复的是框架，是容器，是形式。远看一眼天天差不多，其实都不相同。读书，昨天《三袁随笔》，前天《龙坡杂文》《集体暴力的政治》，大前天《金圣叹诗文选》加《天真的人类学家》，今天则炒冷饭——梭罗的《瓦尔登湖》和王鼎钧先生的《灵感》。看电影，不可能不换，重看《三块广告牌》《肖申克的救赎》《与狼共舞》……连续剧《罪案追踪》，专供在跑步机上看，图的是悬念教我忘记腿脚的沉重。《办公室》，坐沙发看到以笑驱除睡意。偶尔去后院，和泥土及酢浆草过不去，偶尔给重新发芽的枯柠檬树施肥，偶尔翻 30 年前的日记，偶尔向窗外凝望，刚刚驾车回来的女邻居知道有人鸟瞰，下车后干脆表演瑜伽。门前走过的洋老头，遛狗如故，终于戴上口罩，记起一个月前我在门外打羽毛球，和他闲聊片刻，他大咧咧地说："新冠病毒不会招惹我。"遗憾不是没有，手工活诸如给床加四只脚，安装带扫描的灯座，都已干完，想不出什么"新猷"。

时间流逝的快慢，显示于钟表的指针，仅具物理学意义；诉诸人的"感觉"，才拥有可爱的千姿万态。哲人云，时间，是所有"谋士"中最明智的一位。它是通过感官而不是理性给人当"参谋"的。以眼前论，我从它不动声色的急速流逝中收获到的是快乐。如此看来，终于老出一点应付独处的智慧。

感到时间太快，首先是因为心境安宁。危机迫于眉睫，国难当头，是不是该绕室彷徨？我否定了一切于事无补的负面心理，明白自身无力阻遏，挺身而出当义工又不获准。救国救民之计，只一条管用、实用：居家。活着，就是成绩；健康地活着，就节省医疗资源，减轻社会负担，让儿女放心。特别需要感谢的是，"老"到这个火候，责任近于完成，牵挂近于清空。老天爷让我干的事如写作，干了大半；余年如身体尚可，谅能写得多一些，甚至好一点。然而，天下滔滔，多少幻想不朽的同道，让他们去争霸吧！缺我一个平庸的作者，文坛更加干净。

其次，是因为生活尚称充实。写作固然是排名第一的消遣。码字固然能消化时间，但更大的用处是抵消"刻板"所造成雷同——文章再狗屁也不会是自我抄袭，好歹为灾难留下实录。而况日子还有许许多多的点缀，如看微信，上帖子。

写至此，看桌上挂历，又一个比鳝鱼溜滑的星期消失。从书房看后院，阳光如瀑，从栅栏上泻下，流进屋内，流进电脑屏幕，这就是我的光阴。

二、谁能遏止春的生机

2020 年的春天，是此生中最为难忘的特殊季节。这些日子，不算是"最难过的"，文革中家人及自己落难、知青年代的贫困和绝望、批邓高潮追查反革命谣言遭朋友检举，都有过长夜漫漫的悲叹。和当下比，难受不来自物质层面，而是对未来的茫然。任何媒体，打开来都是坏消息。

全美新冠今天增加 27537 例，总计 243937 例，死亡 5914 人。80 多万人口的旧金山市，今天总计 450 病例，死 7 人。全美失业人数暴增至 6 百 60 万。96% 的美国人宅在家里（包括上班）。股市上季度遭 145 年来最大的跌幅后，今天升了 469 点。

早上，撩开窗帘，极目处，太平洋依然故我，浪款摆乌青色的身段。路旁的马齿苋开的花如此艳丽，风里像煞跳舞的虞美人。蜂鸟从对面的绿化带飞来，俯冲又飞升。恐慌从天空一点点洒下，连贴邻后院那棵日本枫，细碎的酒红色叶子，低语也在传播一个宇宙性的阴谋。

自然，不动声色的自然，这一回拿新冠病毒和人类较量。谁见过这阵势？人类全体面对无比大和深的未知。什么时候，疫情到拐点，新闻里日日叠加的确诊和死亡人数停止，下降，清零？特效药、疫苗什么时候出现？网上潮水一般的信息，把人整得太累了。

对着挂历上"四月"这一页完全的空白久久发呆。很多年了，长或短的计划总是有的，为标注而用的挂历，填下"某某生日""X时去茶楼""XX 今午来""某天乘机赴 XX""今天邮轮之旅结束"……这个月本来有的，25 日外孙女在旧金山一剧院表演夏威夷草裙舞，但已取消。或远或近的"未来"，在抽走"人能全身而过"和"疫情消失"这两块基石之后，只好悬着。后院小屋子旁的蛛网，在风里晃着，似断未断，居然兜着一只小虫子的干尸——人类命运的隐喻吗？

不确定感，从来没这么强烈过。必须从眼前抓到确定之物，哪怕极为细微。

哪里有？昨天是四月一号，网上有一视频：某大学的课堂上，教授规定，上课时谁的手机响了，谁就得按下免提键。那女生照办了，人人侧耳听着。来电的是验孕的诊所，告诉手机的主人"结果为阳性！"女生说早有准备，连婴孩的名字也想好了。无端听了人家的隐私，轮到大家尴尬。最后，女生对教授说，这是为今天特制的玩笑，打电话的是冒充诊所员工的朋友。我也大笑，好多天没这样笑过了。可惜愚人节只过一天。

我走进后院。寻觅"确定"。昨天意外地发现，柠檬树有动静。去年春天买的，50块钱一棵，已结出拇指大的果子。栽下后，蔫蔫的。秋天，我在树旁喷了除草剂，草死了，连累了它。看看叶子和仅存的果子萎落，枝条全枯，一点指望也没有。好几次要拔掉，但不忍心，因为主干近泥土的一段泛出浅绿，且等等。一月，雨下了好几次，它是老样子。二月，买了一棵带花盆的柠檬树，放在栅栏旁，为的是取代它。新冠肆虐以来，没心情莳弄花草，枯树才躲过我的毒手。不料，昨天天擦黑时，竟看到主干上似爆出牙签般细的芽梢，带两片半个指甲大的绿叶，但光线不足，不敢肯定。今天再去看，真的！而且，一夜之间，干上突出八个极小的疙瘩，那是新芽。如此说来，它复活了！

我仰头向天，大声呼喊：季节一到，生机谁也阻遏不住。春天，就是新生。心胸的阴霾顿时扫尽。

纽约疫情前沿

纽约疫情前沿（3月5日）

前天（星期二）一大早，就有朋友来电通知我们说我们居住的 Westchester 郡有一个确诊新冠病毒的，赶紧看新闻，果真，确诊的病人是个犹太律师，就住在 New Rochelle，离我们只有几个镇子。想当初，刚搬到威郡的时候，我们第一个房子就是买在 New Rochelle，住了两年。此时得知病人家就住在 New Rochelle，心情自然因为往事的极速掠过而沉浮了一下。很快，我们这边的几个微信群里的华人都慌了，有种兵临城下的感觉。原来国内的疫情闹得大家原本人心惶惶，现在说着说着就来到了身边，慌乱好像也是正常的了。

连忙短信通知在城里上学的儿子，要他坐地铁后千万洗手，因为犹太律师每天都坐我们这边的哈德逊东线火车通勤到曼哈顿中城，与我家儿子坐的火车同一线路。儿子没有回复，我知道他一定被我这几天唠叨烦了，不以为然。

昨天去我们这边的 Costco，照常人山人海，没有什么人慌张避难的感觉。除了消毒擦手液和消毒擦纸脱销外，其他都与平时毫无二致。老美都跟我儿子差不多，对这种病毒似乎没有感觉什么可怕，依旧淡定如昔，忙于自己的事情。

中午去我原来的镇子的美国教会参加义卖，一进去就看到几个屋子依旧人来人往，好像病毒一事根本没发生似的。我喜欢这种轻松的感觉，于是埋头在货物中淘宝。好几个我认识的老美过来打招呼，说的都是儿女杂事，没人提及病毒。

我喜欢的一个日裔女子迎面招呼我，我们习惯性拥抱一下。她笑说：这时候不应该拥抱了吧。我明白她的意思，大笑说，我不怕你！她也笑说，这两天她家里人从日本打电话问候，听说我们这边发现病案而担心。可见，关心美国疫情进展的并不都是中国人。

美国所有的主流新闻仍然是美国大选。星期二大辩论会的结果是彭博退选，拜登和桑德斯将决一高低，决定最后民主党的总统候选人的出线。关于病毒，我们只好看社区新闻。

这两天发现最大区别的就是美国人该干什么该干什么，见面谈的最多的还是大选。而华人不管群里还是见面聊的永远是疫情。

没什么可怕的，教会的一个姐妹说：保持每天与上帝的祷告和喜乐心情，对提升自身的免疫系统大有好处。我深表赞同，在这个世界上我们除了肉体之痛还有精神之需。如果提升了精神的防卫，对肉体的病痛有益无害。

石老师也赞同这个看法，他说美国人生性的乐观和自信是他们能够战胜很多危难的源泉，还有，他们人与人之间保持一定距离的礼貌教养恐怕也是疫情传播不快的因素。

黄昏转暗的时候，网络公司派来我家修网络的黑人小年轻跟我挥手道别，我们一直聊的都是艺术和收藏，原来他老爹在博物馆做搬运工，也超级喜欢艺术品。老美的特点就是他们永远乐呵呵，不为身份、地位、钱财担忧，更不瞎操心。

看着夕阳最后一道余晖在天边沉沦成黑色，我暗想，明天的日子将会如何？一切尽在上帝的掌握中，一个声音告诉我说。我真的不担心，起码现在！

空无一人的曼哈顿（3月19日）

一大早。焦虑开始在家里蔓延。

昨天，我家老大所在的 Parsons 设计学院通知学生们在星期一学校关闭之前去取留在宿舍的私人用品。所以老大与他的朋友决定今天去学校取东西。

石老师闻言开始着急。曼哈顿昨天的疫情非常吓人，一天病毒确诊的人数上千。基本上所有的公司都让员工回家办公了，学校也都关闭。在这种情况下，儿子居然要去城里学校取东西，老爸自然担心。

于是，石老师给学校去电话询问（语调听起来是质问）。好在接电话的人员深知家长的担忧，安慰他说学校也担心学生都回去取物品，恐怕会产生交叉传染。所以学校说私人物件可以放在宿舍一直到五月，学生们可以五月去取物品。

石老师听罢总算放心，转告儿子说他们不用去了。然而老大的朋友需要去宿舍取她忘记带的药，所以还是得去。石老师闻言又开始焦急，劝儿子别去。

两个人各抒己见呛了起来。

对于儿子他们这一代年轻人来说，疫情根本不放在心上，觉得自己年轻不怕。但他们没有想到的是，他们的父母和父母的父母年龄已大，不敢冒这个险。

我有个朋友说她原本预约今天去看医生，但想想觉得还是保命要紧，便临时取消了预约。

年轻人是不会这么想的，他们的人生刚刚起步，一切充满激情和新奇，冒险是骨子里荷尔蒙的注定，做父母的只有耐心疏导才行。

父子俩的争执让我看到美国不同人对待疫情的不同态度。美国宣布进入紧急状态，联邦政府要求大家自愿呆在家中 15 天来减缓疫情的传播。很多人响应的同时，还有很多年轻人根本不在乎。因此加州和佛罗里达这样的热带地区，人们照样去海滨游泳。今天的新闻采访了很多类似无视疫情仍然参加各种聚会和派对的年轻人，他们居然说人反正是要死的，死也要死在一时痛快上。类似的报道真是五花八门，让人读了心惊之外，不禁担忧美国该如何控制疫情。

今天加州州长要求联邦政府拨款 1 亿美元抗疫，因为专家预估加州一半的人口会患病。加州政府目前已经呼吁 4 千万加州人呆在家里不要出门。这个消息也让人心惊，因为加州一年四季的艳阳天和海岸线漫长的海滩是最吸引人的地方，也是热爱水上运动的加州年轻人保持身材健美的先天因素。让加州人不出门如同叫纽约人在曼哈顿不逛街一样困难。

这是一个充满着忧虑和疑问的星期四，美国国务院将其全球旅行建议提高到最高警告级别 4 级，并号召海外数以百万计的美国公民减少旅行带来的疫情传播，要么返家隔离，要么留在原地不动。

随着中国出口的停止，美国各地，医生、护士和其他前线医务工作者正面临着口罩、手术服和护目镜的严重短缺。群里的一位姐妹说，传出国内疫情扩散的时候，大家都买断所有的口罩和卫生用品寄回国，根本没有考虑美国这边的需求。现在美国疫情开始泛滥，看到美国医护们缺少医疗保护，她心里很内疚。像她这样感觉的人不在少数，大家人心都是肉长的，看到美国战斗在第一线的医护人员面临这种困境，心里能好过嘛！尤其美国人普遍心善，没有人在此时埋怨中国人买光了所有美国出售的口罩和防菌洗手液寄回国，这更让人觉得心里不安。

我深有同感，觉得中美政府之间的争执实在不必要，两国如果能团结起来互相帮助，以爱替代怀疑，对两国人民的利益绝对利大于弊。

晚上八点半，我全副武装（口罩和手套齐备）开车带儿子到位于曼哈顿下城的 parsons 学院取东西。高速公路上空荡得让人惊奇，进城的 FDR 上一反以往拥挤的常态。几乎没有车流。偶尔，几辆跑车充分利用这难得一见的空间，速度飞快地从身边疾驰而过，让你恍然以为 FDR 是欧洲的那种非限速高速公路。

晚上的曼哈顿没有了平时车水马龙的喧嚣，路上几乎不见人影，尤其平时人挤人的联合广场上也人影寂寥，让这个世界著名的大都会似乎有种萧条感。不过，好处是大家都响应政府号召，自愿呆在家中 15 天防止疫情扩散。

学校门前空无一人，似乎没有人来运东西，或者大部分人都已经离开了。一辆垃圾车在身边停下，两个穿着制服的垃圾工人跳下车搬运路边的垃圾。他们依旧没有戴口罩。一个年轻人骑着自行车在空旷的街道中间飞速穿行，如入无人之境。

明天，不知道将会怎样。不过一个星期，疫情已经改变了我们所有人的生活，每一天都带来新的新闻和新的变化，没有人知道明天等待着我们的是什么。

疫情是面照妖镜（3 月 24 日）

方方的《武汉疫情日记》今天结束了，共写了 60 篇。我们群里的一个朋友将方方日记集在一起发过来给大家看。武汉结束了，纽约正在展开，历史惊人的相似。

据《华盛顿邮报》的消息，美国正在陷入一场州与州之间的医疗器材争夺大战，每一个州都希望能够尽快得到急需的医疗器材，相互的竞争使得医疗器材的供应商开始高抬价格。有些医院已经开始向建筑公司、美甲店和纹身店征收口罩。

一大早，我就接到了一个社区朋友从微信上发给我的消息，告诉我她所在的 Chappaque 社区华人捐赠口罩的信息。Chappaque 也是我们所居住的纽约近郊韦斯特维特郡（Westcheter County）的一个镇，她们镇上的母亲也开始为了找口罩货源，捐献口罩忙碌起来。他们还发动了网上募捐的活动，目标 2 万美金，已经超额完成任务。昨天，他们冒着纽约漫天的飘雪给 New Castle 的警察送上了他们捐献的 150 个 N95 口罩，把照片上传到 FB 社交网，到了晚上已经有 300 多点赞，赞扬社区华人的努力，还有一些医院和医护人员看到消息也来求口罩。

到了下午，Kathy 姐妹给我电话告诉我她订购的一批口罩到货了，准备大家一起来将这些口罩捐赠出去。这几天，她都被口罩的事情搞疯了。前阵子国内疫情紧张的时候，她和我们这些海外华人都一样，拼命搜集口罩寄回国，现在纽约疫情蔓延，很多医护人员没有口罩，让 Kathy 心急如焚。她联系了先生认识的一个专门制作医疗用品的老朋友，请他们帮忙买一些口罩给我们教会以及社区。她的朋友听说我们是为了帮助社区，马上慷慨地表示捐献 1000 只口罩给我们教会，同时用出厂价再卖 3000 给我们。Kathy 说这些口罩是朋友公司在芝加哥总部的存货，质量都没有问题。虽然最近因为美国疫情蔓延，他们接到无数订单，但即便是这样，他们还是优先给了我们一批。这个义举让 Kathy 很感动，马上发动我们教会的姐妹会一起来联络周边的社区，开启我们送口罩的活动。

昨天我的口罩日记在"二湘的九维空间"登出来之后，有些朋友联络我，要捐献口罩给我们。因为 Kathy 已经拿到这批口罩，所以我还是感谢了他们的好意。但是，还是有一位在中国的朋友坚持要给我寄过来他留在美国朋友处的 50 只口罩。

我先给我们这边的警察局打了电话，他们听说我们教会要捐献口罩都非常激动，说马上上报到警察局的负责人后再给我确认。不一会儿，我就接到了回话说，他们只接受 N95 口罩的捐献。Kathy 已经告诉我她拿到的口罩是一般医用口罩，不是 N95 的，因此我只好表示惋惜。放下电话，我马上查询了一通 N95 口罩的信息，才知道现在 N95 口罩都是给医护人员的，普通的医用口罩是给老百姓的。对于警察来说，他们只需要一般的医用口罩就行了，但是我也理解他们要求 N95，毕竟防护系数更大。

傍晚，我在我们 Facebook 社区妈妈群里发布了消息，说我们教会有普通医用口罩捐赠。很快我就接到了一个好友的短信，告诉我说很多给老人送饭的义工都没有口罩，希望教会能捐献一些给这个义工组织 Meal On Wheel。我明天准备给他们邮件询问有关捐赠的事宜。

一整天，满脑子都是口罩，跟朋友聊的是口罩，写的是口罩，上网看的还是口罩。我知道最近有些不法商人因为美国疫情趁机浑水摸鱼捞一把，居然还把当初海外华人捐赠给国内抗疫的医疗器材重新贩卖回美国，遭到国内外中国人的谴责。昨天提起这事儿，我们几个都气得不行，但是指责别人不如自己作出好的样子，于是，我们开始将心思放到捐赠口罩一事上，马上感觉好多了。

我家老大告诉我说，他们学校 Parsons 设计学院已经宣布将学校库存的全部口罩都捐给了附近的医院。听我不断提到 N95 口罩，他也表示怀疑说，学校的口罩都是学生们在艺术工作室工作时戴的那种普通口罩，医护人员无法用吧？

这一整天中，我最快乐的一小段时光还是跟我的樱花树度过的。昨天纽约下了一整天的雪和雨，我无法出门，心里还惦记着那几棵樱花树。今天天高气爽，我出门看望我的樱花。在我心里，这几棵樱花树是我的 meditation，它们在安抚我情绪上起到了非常积极的作用，连我的几个朋友都说，我的樱花图让他们在疫情的烦躁中看到美的色彩，从而感到内心的疗愈。这个疫情的春天，粉色的樱花树让我看到了初春最美的景色，以及灰色人生中的一抹亮色。上帝将光与美放置我们心中，即便在最烦扰人心的时刻，我们心中对精神与灵性上的追求如同阳光中的樱花树让我们区分出光与影的不同。

到了晚上，我们教会的一个弟兄说他已经拿到 1000 只 N95 口罩，准备送给我们周边的 5 所医院。

目前，美国 N95 口罩奇缺，很多一线的医护人员都只有普通的医疗口罩，没有 N95 和护目镜，形同裸奔，让我们心里非常难过。

因此，拿到 N95 口罩至关重要，如果医护人员倒下了，我们普通民众就没戏了。

当初，我们海外华人给国内买的口罩都是 N95，因此买空了美国所有的储存。现在，我们能拿到手的很多只是普通医用口罩，心里自然不是滋味。

从某种意义上说，疫情是面照妖镜，将国内外每一个人的人心都照出来，是人是妖，不用语言，让行动来说话。

重返曼哈顿（4月4日）

自从 3 月 19 日最后一次来城里接儿子从学校回家，就再也没有来到过以往纽约最繁华热闹的市中心曼哈顿。

今天，与石老师一起开车进城，领略一下曼哈顿的气场。作为画家，石老师时不时地要回到曼哈顿充电，其中最主要的是看看博物馆，在街上游荡。

曼哈顿是一块无形的巨大电板，除了繁荣的经济以外，充满了时尚、艺术、人文的电流，时不时可以让喜欢这种气氛的人们充一下电，感受一下它宏大的气场。

再次开往曼哈顿，感受复杂。

不过 14 天，天上人间，世事多变，如同目睹了一辆脱轨的列车在我们眼前以迅雷不及掩耳之势撞出轨道。

14 天，不过一眨眼的时间，一切都改变了，最震惊、最痛心的就是好友纽约蓝蓝的突然过世，在整个全球性的灾难上加上了个人深切的悲剧。

我记得 19 日的曼哈顿夜晚，在空无行人的街道上驶过时看到的暗夜静寂，我更记得 27 日晚上，我得知蓝蓝去世消息时的震惊和眼泪，以及那个晚上辗转难眠到凌晨 4 点的哀恸，一夜明白了"时代的灰尘成为落在个人头顶的大山"的含义。

一个鲜活的人转瞬即逝,这种悲切真的难以接受。

对于我这种经历过同样突如其来丧父之痛的人来说,这种愈合的过程在当年只能交给时间,让时光抚平伤痛。而今天则交给上帝,"叫一切信他的,不至灭亡,反得永生"。

纽约正是四月春光明媚天。沿着95号高速公路从郊区开往城市,一直向南,遥遥看到曼哈顿的天际线。

平常车流拥挤堵塞的高速上没有几辆车影,视野中空荡荡的可以说一望无际。除了偶尔几辆私家车,公路上面奔驰的都是各色货车,保证着货物的流通。

同样的状况也显示在曼哈顿岛市区东线的 FDR 高速公路上。平时拥堵如同家常便饭的 FDR 居然也是车辆稀少。

这么多年在 FDR 上看惯了车流拥挤的挣扎,现在忽然没什么车流了,一时让我不太习惯。忽然想到我妈的护工的感觉。她说疫情爆发以来,她很怕坐地铁,因为车厢里人多怕传染。后来封城后,她还是怕坐地铁,因为车厢里空荡无人让她更紧张。

从上城到下城,从东线高速到西线高速,第一次感觉到在城里开车的乐趣。在城市里穿行如此顺畅,平时被拥堵惹得不耐烦的坏脾气纽约司机似乎都不见了踪迹。

纽约大都会博物馆是我们的最爱,每次去城里必看的一站。现在,如同纽约的其他博物馆,大都会也暂时关闭。

通常大都会门前的台阶上都坐满了来自世界各地的游客,门口也拥挤着熙熙攘攘排队等待进去的人群。而此时大都会门口的台阶上,只坐着几个晒太阳的人。

沿着著名的第五大道向下城开,看到两旁的商店都关门了。

平时第五大道上热闹非凡,总是挤满了来来往往的游客及驻足观看橱窗的人群。

此时此刻人行道上不见游客的踪迹。大道尽头可以望到两边高楼大厦中间的一线天，如此清冷萧条的景色在我还是头次见到。

第五大道是纽约繁华时尚的一面旗帜，也是来自全球各地的游客最向往的地方，这里是蒂凡尼珠宝店等名牌的聚集地。

五大道上的 57 街大道交口是世界上最贵的地盘，四个角落汇集着几大品牌的旗舰店。

原来，曼哈顿人山人海，我每次拍照都是躲开人群试图拍摄到更静谧的景色。现在，看不到人了，我却四处寻找着人们，看到一两个行人马上把镜头对准他们。

下城的充满欧洲艺术人文气息的东村以往也是人群熙攘，各色时尚的服装设计精品店以及餐馆里外都坐着人。像这样天好的时候，坐在外面阳伞下喝啤酒的人们也是街头一景。现在疫情下，大部分店铺都关门了，有一个商店门口贴着一张手写的条子，上面写着：我们还会回来，纽约强大！（We'll be back, New York Tough）.

我心里面被这个条子温暖的同时，也担心住在东村的纽约人该到哪里去吃饭呢？

城里的公寓不同郊区的独立房，基本上除了富裕阶级的豪宅外，就是普通单身人士的狭小住所。尤其在东村，有的住所根本都没有厨房。

东村人都靠周边的街区小店，如果步行去还开着的连锁大超市购物，也要走上几十个街区。

我们经过了下城几乎所有的地方：熨斗大厦、Parsons 设计学院、纽约大学、华盛顿广场、格林威治村、东村、中国城、小意大利区，可以说从四面八方都感受到曼哈顿岛上的寂静。

回程的路上，我们特意去西边高速公路边上港口，去看看停泊的海军医疗船安慰号。

那里四周纽约警察和军人封锁住码头，医疗船也被绿色的帆布围起来，只能在高速上一定的距离内遥遥地看到白色的船体与红色的十字.

有一个军人看到我们的车，冲我们挥了挥手，表示问候，顿时，又让我们心里暖了一下。

前几天，当安慰号驶入纽约港的时候，多少人都不顾居家令，争先恐后地跑到码头上一览安慰号入港的景象。如今，安慰号静静地停泊在港口，却无法看到它的模样。

不同寻常的复活节周末 (4月14日)

傍晚，我和石老师一起开车去附近遛一遛，享受一下春日的景色。疫情前，我们常常散步到周边，而今我们开着车逛。

两个月以来，我们目睹了周边在疫情袭击下的改变，就像早春二月过渡到人间四月天的春暖花开，我见证了一生中最震惊的变化，先是武汉沦陷，然后纽约沦陷，甚至后者的速度更加惊人。我在春寒凛冽的二月常常徒步走到周边，看着春天最早的嫩芽在光秃秃的树枝上生长。周边哪一颗树上的花最早结苞我都了如指掌。我看着花苞一点点长大，期待着它们的绽放，就像期待着春暖花开的日子将纽约染成粉、绿色的海洋。

随着疫情的蔓延，先是纽约州进入紧急状态，然后是纽约市封城，病毒似乎按部就班地在纽约上映着武汉的一幕幕情景。周边的人们都歇业回家了，所有的房子前停的车辆忽然多了起来，每家都是两三辆车。很多车子停在门前，让街道两边变窄了。然而，虽然车子多了却不热闹，因为大家都居家隔离，路上门前仍然是空荡的，无声无息地传递着一种空城的寂寞，让我想起空荡荡的市中心曼岛，街头两边停的车辆让无人的城市更有一种类似科幻电影的末日感。

在我看来，时光从来没有流逝得如此显眼，也如此安静。纽约春天的转换是时光流水的最好印证，每一朵粉色花开，每一枝嫩黄柳飘都涂满了时光的颜色，留下了它走过的脚步。时光从来都没有流逝得这么快过，转眼二月、三月忽悠而过，进入了四月，纽约人全部居家，留下了街头巷尾的空寂，任凭满枝樱花绽放，鸟鸣唧啾，粉色的铁木兰花开又花落，留下满地粉色的落红。

当初，特普朗总统宣布美国进入紧急状态之后，还乐观地预测复活节周末将是美国重新复工的日子。然而随着疫情急转直下，美国一跃成为全球病案确诊的头号国家，特普朗又无奈地宣布复活节周末将是疫情的高峰，更多的死亡将会发生。

现在，复活节周末来了又去，美国疫情死亡人数超越意大利，成为全球第一。全国 50 个州宣布封闭，创下历史之先。美国 2 万亿纾困计划周六开始实行，有些美国人网上银行已开始收到 1200 美元（个人）或 2400 美金（夫妻）的纾困救济。复活节星期天，占全美人口 65%的基督徒中的大部分选择在网上、停车场和电视上进行通常在教会举办的敬拜。

这是一个悲壮却又充满希望的复活节周末，起码，春天温暖湿润的气息充满空气中，阳光灿烂之下，粉白色的花朵缀满枝头，将湛蓝的天空映衬得更加鲜艳。

黄昏无人之际，我在公园看到了我那棵久违的铁木兰，满树的繁花已经坠落大半。我没有走过去，远远的看着那棵给我带来春天最温馨安慰的大树。记得它最初的花骨朵，记得看到因几天风雨凋落一地的花骨朵时，我捡起放在羽绒服的口袋里带回家。

铁木兰凋谢之时，我又发现几株紫色的木兰花开始绽放，好像生命的交替，有人幸运出生，有人不幸死去。

明天会发生什么，我们并不知道，就像每天早上醒来，我们都不知道今天会有什么更严峻的事情在前面等待着我们。我们能做的就是坚定自己的信心，一起抱团度过每一场降临到我们面前的黑暗。

这是一个不同寻常的复活节周末，一个在生命和记忆中或许因为这些文字而在我记忆中永久雕刻的日子。疫情下，世界上很多人的不幸也就是我们人类的集体不幸，面对着生命的考验，所有的政治争执、国家对抗、幸灾乐祸等行为都不是应有的人性。

解禁重启的第一天（6月8日）

经过整整 100 天的封城，今天，纽约终于迎来了解禁重启的第一天。

虽然，对纽约人来说，解不解禁已经没有什么令人兴奋之处。经过三个月疫情的惨重打击，以及黑人弗洛伊德种族事件引起的示威游行上升到的打砸抢，纽约已经不是曾经的那个欣欣向荣之中，经济繁华、治安有序的城市。

最开心的似乎是纽约市长白思豪，他说重新开放是"每个纽约人都应该庆祝的时刻"。

这个时刻真的值得庆祝吗？经历了三个多月的严重疫情，每天 500 多人为此丧生，纽约总体死亡人数超过 21,000 人。一个星期前，因为黑人弗洛伊德被警察暴力致死的种族事件，纽约如同其他城市一样陷入大规模的示威游行抗议活动中。白天的示威游行、晚上的打砸抢整整一个星期都让纽约最繁华的都市中心曼哈顿陷入一片阴云密布中。

在这样一个不堪回首的时刻，过去三个月的往事如同昨天一般清晰，好像一场噩梦刚刚醒来。我想多少人心中的伤痛、悲哀和愤怒需要更长的时间才能遣散。经历过的伤痛与恐慌如同一道伤疤，给纽约和纽约人的记忆留下刻痕。

早上 9 点，开车来到纽约市中心曼哈顿岛，感觉整个岛屿还尚未醒来，沉浸在一片寂静中。疫情前的这个时刻，曼哈顿早已熙熙攘攘、车水马龙。而今，喧嚣和繁华的画面仿佛是记忆中的电影镜头在头脑的深处浮动，我甚至开始怀念曾经最难以忍受的、曼哈顿上空仿佛永远不停息的各种人声鼎沸的噪音。

在五大道 13 街的 Parsons 设计学院前面停了下来，等待我家老大去宿舍取东西。三月中，纽约市因为疫情爆发开始封城，学校全面停顿。3 月 16 日晚上我们曾经开车来学院的宿舍取东西，那一晚的情景还历历在目，此时此刻再来时，感觉三个月仿佛是一场梦，站在街头环顾周边，感到好像是梦醒时刻。Parsons 学院门口大门紧闭，一个人都没有，玻璃大门上还贴着疫情开始时张贴的布告。

周边，来来往往不算多的行人都戴着口罩，三三两两跑步的人们从身边经过时，彼此保持着距离。因为没有了游客，这个城市好像一下子就安静了下来，既便街头四处走动的也基本上是在这里居住的纽约人。

四月份疫情还在蔓延的时候，我们曾经来过一次纽约曼哈顿。开车行驶在空寂得了无人迹的街头，感觉到像身处科幻电影的末日恐怖中。而今天，在纽约解禁的第一天，末日感已经没有了，但没有烟火气的城市还是让人感觉静悄悄的。

开车经过下城时，车窗里飘来一股哪家餐馆做菜的香味，瞬间就感觉到城市一下子就充满了熟悉的温暖，纽约特有的人气。

从一家街头餐馆一晃而过，看到几张户外桌椅的后面，有三张桌子都坐着一个戴口罩的食客。以往夏日，纽约餐馆最拥挤的就是户外阳伞下的座椅上挤满了喧哗的食客，一条街上，一家餐馆又一家餐馆、一堆又一堆的阳伞下，坐满把酒当歌，笑语飞扬的人群。而今的景色让人倍感伤情。

开车前往纽约下城苏荷区，这个纽约最时尚最潮流的街区早晨静悄悄的，所有的店面依然被木板紧紧封闭着。据说今天的游行还要进行，这些商家一刻都不敢怠慢。纽约的解禁似乎对他们来说，并没有意味着任何起点，商家们依旧橱窗紧闭，准备迎接着可能即将到来的打砸抢。

这是纽约重新启动的拐点。在成为全美新冠病毒爆发中心后，纽约市从 4 月初至中旬的高峰期，每天 500 多人丧生，迄今为止，全市超过 21,000 人死于新冠以及新冠引发的综合症。

目前，纽约人面临的最大问题是公众的信心。全球的目光都聚焦纽约，在关注这个被新冠及骚乱打击过的城市是否会恢复昔日的荣光。

眼前看到的景色令人心伤，这里毕竟是世界最繁华的都市之一呀，如今，封城已经解禁了，但人们心里因疫情、种族、政治以及对生活、工作和未来的担心而竖起的木板和封锁是否已经解除了呢？固然，解禁标志着纽约重新启动的拐点，但纽约人面临的最大问题是纽约公众的信心。

全球的目光都聚焦纽约，在关注着这个被新冠及骚乱打击过的城市是否会恢复昔日的荣光。坐在车里，经过曼哈顿市区熟悉的景点，触动着往日的记忆星星点点闪亮在回忆的大海深处，物是人非的沉重如一块铅饼重压心头，"我无法呼吸！"，忽然想到弗洛伊德临死前的最后一句话。

蓝调呼唤向日葵（严力作品）

邱辛晔

纠正人类行为的地球课

一副牌才开打

"今天是封城的第 54 天。一副扑克牌都打完了。"这是作家方方最新一篇武汉抗疫日记的最后一句话。

读这句话的时候，我才回到了家里。

昨天是星期天，我在皇后图书馆总馆加班，担任 Officer，也就是当班主管。进出图书馆的读者比平常略少，但并非想象中的寥寥无几。再前一天，我在法拉盛图书馆上班，走了一圈，客人明显少了。纽约有新冠病毒疫情已经好多天了，法拉盛街头一直没有大的变化，戴口罩的有，但不多。据我的目测，从最初的百分之三、五，到百分之三、五十。自从州市宣布紧急状态后，气氛有点紧张了。等到全国戒备，人们就不安起来。谣言比病毒走得快，行动跟着谣言走。星期六早上进入图书馆的读者，非常稀少，估计也就上百人。要知道平时，开门十分钟就有五百人进馆，一天的客流量在四五千啊。不过这也说明，法拉盛华人懂得自我保护，从而也保护了他人，保护了整个社区。

昨天在总馆，不断收到更新的消息。纽约市长还不愿关闭中小学校，图书馆也没有决定关闭，是大局中的一个部分。到了下午，管理层传来消息，下周起缩短开放时间，员工上班时间也减少，准备应对疫情。和馆长曾阳及时沟通后，开始以短信、电邮方式联系，把消息告诉员工，确定第二天上班时间。不料到了下班时间前不久，市长宣布学校关闭了。很快，图书馆管理层也迅速决策，和学校同步，下星期一开始关闭总馆和各社区图书馆。已经晚上了，我们法拉盛图书馆的几个管理人员一直在用短信沟通，也了解在此关键时刻，必须特殊处理事务，以保障员工和公众的健康安全。虽然图书馆人少了很多，但作为公共场所，人和人的接触是难免的。市政府说，已经放弃了对确诊者接触者的跟踪，得假设所有人都有可能接触到感染者。这个时候，阻断接触，必须减少感染者，以保障发病者尤其重症患者获得有效救治——大批感染者和轻重症者同时进入医疗系统，是抗疫最低效率的作法。

今天，3月16日，上午10点，几乎所有员工都到图书馆报到了。统一登记了个人通讯联络方式，各自整理一下私人用品等，就回家了。管理人员稍微留守长一点时间。总部邮寄来了关闭图书馆的通告，我把英文、中文、西班牙文的各印了三套，在大门上贴了两套，自动还书处贴上一套。大门外还是不断有读者在张望，敲门，看到了布告才走开。我看着空空的大楼，心中黯然。前两天，图书馆已经宣布取消一切大楼内的节目、会议、课程培训，我和项目经理把节目布告栏中满满的节目海报一一撤下，收好给读者取用的大叠海报单张，换上取消活动的布告。看到五颜六色的海报一下子变成了孤零零黑白两色，心中很不是滋味。项目经理是一个意大利裔美国人，眼中湿润了。

我在法拉盛图书馆工作20年，刚刚进大楼的时候，做实习生，新馆才落成一年。之后，内部装修扩大服务区，分批实施，前后多年，期间，除了法定假日，图书馆一天也没有停止向公众开放。这次因为疫情，要关闭比较长时间了，而且还不知道重新开放的时间，真是前所未遇啊！

3月28日是我进皇后公共图书馆，也是在法拉盛图书馆工作20周年的纪念日。看来，这一天只能去法拉盛缅街街上看看图书馆了。想到这里，颇为怅然。在微信和严力交流，他安慰我说："生命能理解为生命而关门的。"他总是那么睿智和幽默，令我心情好了不少。是啊，地球是生命，大自然是生命，人类整体和个体都是生命。但生命并不一直是绽放的。适时的退缩和冬眠，也是生命的一种型态。这几个星期里，和严力一起在搜集、整理疫情诗，计划出一本诗集。现在基本就绪了，文稿送给了设计师小王，期待 4 月出版。严力在序言中说："2020 年的开端让人类生存受到了历史上许久未有的挑战。病毒的肆虐垄断了我们对存在方式的注意力，尤其是中国人，感慨万千，作为诗人，曾一时感到词语的无力。但自然界病毒在人体中狂奔的过程中，我们看到了处理方式以及各种体制运转中的优劣甚至病毒，引起了全球重视生命尊严者更广泛的思考与质问。"我相信疫情绝不能让美国下沉，在暂时的不安之后，一定会激发起战争动员力一般的意志和能量。而作为诗人和写作者，既然遭遇了疫情伏击，抵抗炮火的闪光和热量，总该留一些在文字中的。

离开办公室前，想，带什么回家呢？昨天读了汪曾祺的小说，"岁寒三友"，其中说一位，隔壁着火了，抢起收藏的三块田黄石就跑，其他都不顾了。我没有那样的宝贝。家里其实书不少，但若要带一本回家的话，就把桌上的《杜甫选注》拿着吧，这是我在办公室有空时翻阅的"案头书"。又在包里放好一瓶墨汁，一个砚台。下几个星期，空闲时间多了，也该心静些，多练字。又把一个U盘装入口袋。葛文潮兄的一本书稿，也当可完成编辑了。

纽约的一副牌，刚刚开打。

2020.3.16

刀锋上的蓝调

昨天去严力家取劲酒，他一面说话，一面擦手上的油画颜料，说，刚画了一幅画，等一下传给你。回家后，他发来一张图片。

严力说：蓝调 2020。画面正中央，是一把刀和一个盾牌。刀锋上是一排黑白钢琴键，而盾原来是一个地球，球面闪烁着琴键。背景的所有块型，也是钢琴键盘。几朵云在地球上空飘。我请教严力，多解说几句，他发来四个字：蓝调。忧伤。哦，画面中的蓝色，借用了音乐之蓝调，表达因刀锋一般伤害着人类和地球的病毒而生的忧伤吧？

到了晚上，严力又发来一张图片，说，是这幅画的第二版，也是完成版。两者间明显的区别是：刀锋上淌血了。云也染成了红色。蓝调基色还在，但蒙上了一层淡淡的暖色，似乎被血色反射着。而左上角，增加了一个太阳！在地球人看来，太阳无疑是最暖、最红的了。忧伤的蓝调，在血红的太阳照射之下，忧伤还是忧伤吗？或者，忧伤已不足以充分表述那种情绪了。也许，多了一层残忍，几分古战场厮杀后的死寂？

严力说，这前后两个版本，是一幅画，后面的是成品，但前面的也留下来了。两者一起看就更有意思了。我反复琢磨其意。作为一个充满创造力的艺术家，严力绘画的哲学是：画体内的风景。他的作品都是他思想的具象。我忽然想到，前后两个版本，本身就是一种行为艺术啊！第一个版本是忧伤，但忧伤并不长久，心情和感觉，很快变成思维，思考为何忧伤。与其说残酷的血色是忧伤之后的结局，不如说，血色残阳一直在那里，是导致人类忧伤感情的原因。感觉存在片刻，再努力保留，也会散去，正如被覆盖；但理性长存，也是人类一再要反思的文本。奇妙的是，感觉也未消遁，通过艺术家而与理性纠缠环绕。我想，能在独特的画面和感觉中表达出思考、思想的画家，才是纯粹的艺术家吧？

疫情期间宅在屋中的艺术家、诗人、作家，就是用此方式，来参与人类的这一次大事件的。此次疫情之后，人类世界当有所反思，很多运作有年的社会、经济规则，或都被检讨。这个震荡，绝不会亚于第二次世界大战之后，国际社会的重整。我们也算生逢其时，观察、参与、记录了一个新世界（brave new world）.

今天开盘是坏消息，虽然意料之中：纽约州新冠肺炎确诊人数破一万，其中纽约市达 6211。根据报导，人数增加的原因是：纽约已经完成 4 万 5437 例检测，远超进行了 2 万 3000 多例的加州和华盛顿州。还好，纽约州住院率为 15%，比此前有所下降。

打开网路，两类消息占据了屏幕。一是有医院、医护抱怨医疗器材和物资不够用，医护暴露在被感染的环境中工作；二是召捐赠资金和物资，大部分是华人组织在做。同时有消息说，出现了欺诈。有人说，武汉医生被感染的情况，可不要在美国出现啊！一位朋友指出，美国医疗器材的采购有很高的标准，有特定的采购渠道，并非你拿了一箱口罩、防护衣去敲医院的门，就能捐出的。我想美国医院有各种级别、规模的，医院系统也是以商业模式运行，平时储存必定有标准和规范。这次传染性疾病大规模压过去，医院就应付不了。怎么办？就在这个时候，好消息来了。首先，川普总统下令，纽约是联邦重灾区。一下子大量的资金启动，进入纽约。其次，库默州长宣布，大量的口罩等医疗用品正在和已经进入纽约。这是他在推特发的信息。

同时，州长说，野战医院正在选址，很快会增加一千个床位。他也在新闻发布会上告诉纽约人，目前纽约现有五万床位，一万多例确诊中，到今天为止，仅一千六百多人需要住院。所谓时势造英雄。库默这次领导抗疫，表现不俗，判断力强，敢于担当，尤其是和白市长一比较，能力和水平判若云泥，立刻获得很高的评价，颇有当年 911 后朱利安尼市长的风格和手腕。

对于需要隔离的，也有建类似方舱的野战医院。不过更好的方法：一是征用大型酒店，由军队接管；第二种更绝，川普和邮轮集团 Carnival Corporation 老板商定，必要时可使用大型邮轮，把有阳台、独立卫生间的房间作为隔离病房，而这家公司有 100 多邮轮可供使用，每一艘邮轮可容纳数千人。

川普总统在新闻发布会上一再表达他对奎宁（羟基氯喹）治疗效果的信心，而联邦流行病专家福奇则从科学家的角度，谨慎地表示该药物有效用但并非一锤定音的特效药，就严谨的医学而言，还需要进一步研究。但他也不反对当下使用奎宁治疗新冠肺炎。福克斯新闻发表了一个报导，斯坦福医学院顾问瑞嘉诺认为，奎宁事实上临床使用有效，而且一向是用以治疗疟疾良药，副作用很小。福克斯新闻不是自媒体，可信度较高。

这个消息为更加具体的美联社一条新闻证实，医药公司 Teva 将无偿捐赠 600 万剂奎宁给美国病患使用。从美联社发报导地点看，这是一家以色列和美国新泽西的联合制药公司。

从这些进展看，美国和国际医学界已经开动了机器，虽然今后一两周确诊病人数字可能继续上升，但不会打无准备之仗了。

说到这里，一则全球医生网为世界提供医疗服务的消息也出现于网上，说，其中有 6000 名有实战经验的中国医生，能以中英文为海外华人提供咨询。我相信中国有太多的好医生，他们的奉献，提升了中国人的信誉。其实现在中国更需要这些医生，为数以千万计的中国人提供医疗。由于医疗体系、医疗规则、用药规范等方面受到各个国家法律的限制，海外华人似乎也应该首先求助于本地医疗服务（有朋友研究了一下，发现有的医生好像是莆田系的，不知道这个信息，是否为海外华人网路求医提供了参考）。

下周，儿子在家工作，平时公司提供早午餐的便利暂停了。我们做了一点菜送去。我做了一个酱鸭，味道不错。从皇后区开到曼哈顿，往返一个小时，缘于车辆少，道路畅通。印象中，去曼哈顿，这样跑出高速公路的感觉，不多。在大楼外，以帝国大厦为远景背景，与儿子合影一张，留下时代的记录。这次不拥抱了，相隔距离，六英尺！

去曼哈顿前，又在一家意大利式超市买了一瓶草莓牛奶带给儿子。店里货品丰富，购买者不比平时少，大家都很自如。我对朋友笑言，那些火腿，够吃一百年。吃完了，还有冰淇淋，再能吃上百年。

回到家里，想起，要做一件事。虽然是过节的习惯，但我决定今天就把星条旗在门前挂起来。乘着春风，旗帜高高飘扬。

2020.3.21

人类国的国旗

纽约疫情的拐点，说来就来。

州长和总统似乎都微微松了一口气。此前，根据不同模式计算，纽约的拐点在七天到三十天之间到来。也许各种措施见效，确诊病例、住院率和重症病人比例，曲线都开始平缓；积累病例导致的死亡则达到破记录的人数。

然而一场与疫情的战争，并非仅是生死的病人、奋战的医护人员的战争。正因为抗击疫情是一场公共卫生医疗体系的全面战争，所涉及的也就不仅是药物了。使用何种药物、何时使用、如何下药，似乎超出一个医生的权力范围。因此，流行病研究所主任不敢确定的用药，总统说可以；贸易主管挺总统被质疑，他也有理由坚持，说自己是一个博士，能看懂统计，无论是经济还是法律的，都能作出判断，当然，这里他是指医学和药物应用。

协调中的吵作一团。这次疫情来得急，联邦药物管理局（FDA）不得不从常规退后几步，在审查、审批程序上打破框框，而那规范，本来是它的"金字招牌"。医学科学家对于任何大胆的临床药物之使用，一向战战兢兢。大敌当前，他们的话语权被平衡了，如果不是淡化了。一切都证明，战时不等于平时。战地抢救帐篷中军医的措施，与和平年代医院急诊室会一样吗？虽然我们相信，医疗规范、药物控制，绝对是必要的，而且标准是一致的。事实上，在全世界范围而言，美国的医学科研水平高，经费足，但标准严，是公认的。可是，就是这个严谨的体系，面对急速扩大的疫情，要作出调整。公共卫生体系，因此是一个充满政治和口水的体系，并非单纯的科学和技术。

抗疫之战还在进行时，追究责任也没有停过。前一段时间美中两国的互相指责刚刚缓和——也必然是假象，因为双方都需要暂时的合作：美国需要世界工厂提供医疗物质，彼方则急于通过向世界各国提供支持的方式体现大国责任和领导力，在未来的谈判桌上至少获得一点同情分，毕竟拿了人家的嘴软。果然，继贸易代表在吹风会直接说，以后要重整国家生产体系，这次疫情证明总统贸易政策的正确，川普总统又发推特，指责世界卫生组织未能尽责，导致了疫情扩散。他也没有忘记把中国带进来：国际卫生组织怎么老是围绕中国转，即使美国给了最多的钱？一定要秋后算账！既然甩锅大战曾经开启，世界各相关者恐怕没有谁愿意做接下黑锅的善心菩萨，一时的宣传不太可能让自认的受害者忘记追究责任，缓和不过是短暂而策略性的特大口罩而已。

川普自封"战时总统"，在"开战"后的表现也算不差。但开战之前呢？美国总统的一言一行都在聚光灯下，虽然他挺喜欢这个舞台。华盛顿邮报刊登了万言长文，梳理总统自年初以来的所有言行，当然突出的是他如何因傲慢而疏忽疫情情报。我曾经说过，关于这次战役，必然有大量著作出版，大批作家、历史学家、新闻记者正憋着劲搜集资料，包括中国、美国和欧洲的所有信息，也包括世界卫生组织、联合国等作为。华盛顿邮报的这篇文章，发表在疫情向尖峰发展的前夜，对于这样一位"战时总统"没有留一点点面子。不久，纽约时报也刊登了类似文章。

我把邮报的万言书认真看了一遍，确实如校友徐佳所概括的：惨不忍读！这篇长文不仅盘点了总统，更把白宫和各部委的关系，以及由那种错综的关系而导致的一错再错，摊到了台面。说到底，官僚体制如此庞大，积重难返，平时的颟顸，在战时就是致命的漏洞了。

实际上，官僚体系在任何一个国家、公司、机构，都是顽固、强大和颟顸的。而那样的体系往往依赖一个大老板——在此是总统，大老板的能力和判断，决定了天生就依赖权力、迷恋权力的官僚体系的运作。而这种关系本身就是充满纠结，以虚假出现在公众面前的。美国的民主制度、三权分立，有制衡作用，也有"下课"机制，但新官上任，火再旺，也得靠体制内官僚尤其是老官僚捧柴添薪。难怪美国人民本能地反对政府，更不用说领袖了。美国人绝对没有团结在一位伟大领袖周围，听从指挥的概念，对于那种想法，再左再右的，也嗤之以鼻。

话要说回来，总统的表现如何，也不是当下邮报、时报一面之词能判决的（当然民调也未必能直指真相的），而且这两个报导，在我看来，如此繁杂的梳理，单单不提总统政敌在疫情应对管理的表现，是不均衡的。比如，总统终于认识到了危机，决定关闭特定航班，便受到了很严重的指责，认为封航是筑墙的延续，是他一贯的反移民的种族主义的表现。这个标签，贴对了吗？难道和一个疫情中心隔离，就是种族主义者？实际上，即使是漏洞百出、挂一漏万的断航，也已经晚了：此前由中国航班进入美国者共 43 万人。回顾起来，由于我们在微信上非常关注武汉、湖北的疫情，当时就很纳闷：中国都在封城、封省了，怎么每天一架接一架飞机在美国落地呢？而且一开始没有检疫，后来也是自愿性的。难道华人也是种族主义者吗？从这一个措施和各方反应，我们可以自行查找信息，做出判断，事实和标签的距离，是否超过了六尺？

我想，在这次疫情过后，美国的政府和民间，一定会推动成立独立调查委员会，等待类似 911 独立调查和报告出炉，把新冠病毒和疫情在全球、在美国的来龙去脉梳理清楚。从某种程度讲，这份报告的范围、深度、容量，将远远超过 911 报告。新冠病毒比恐怖主义份子更为激进，其毒害更深广，影响全世界的"度"，非恐怖分子可比。更进一步说，此疫（役）过后，世界是不一样的世界了。全球政治和经济体系会被彻底检讨，全盘颠覆。这一点，我曾经多次论及，后来看到有更为详细的文章出现，讨论相关题目。

困在城，宅于家，日记式的纪实体裁文字，在无数人手下形成。我忽然想到，至今还没有看到任何人提及灾难时代日记之最著名者《安妮日记》。《安妮日记》的作者是安妮·法兰克，书摘录自安妮在纳粹占领荷兰时期所写的日记。1947 年首次发行荷兰语版本《密室：1942 年 6 月 12 日至 1944 年 8 月 1 日的日记》；英文版本 Anne Frank： The Diary of a Young Girl，1952 年由英国瓦伦泰及米契尔公司(Vallentine, Mitchell & Co.)及美国的双日出版社

（Doubleday & Company）发行。这本书是美国中学生和大学生的必读书。安妮躲在一个阁楼两年多，后来被告密，关进了集中营。二战结束，安妮获得自由，但不久因病去世。这次疫情的狠毒和狡猾，和二战期间法西斯还真有可比性。病毒是凡夫俗子看不见却很难防范的敌人，而希特勒当年不也迷惑了很多人吗？欧洲的绥靖政策一让再让，保全自己，不顾友邦；美国上下以孤立主义马首是瞻，即时罗斯福总统也莫可奈何，只好对日采取釜底抽薪，断绝石油供应，对欧尤其是英国大量军援。若非珍珠港事件，美国还不知道拖延到何日。民意松散毫无警惕，官僚体系自大自尊，宁不作为，和今年初美国的情形多少有点相似——当然，两位总统的前瞻和判断，没有可比性。

说到珍珠港事件，在疫情迫近高峰前夕，白宫和疫情应对小组终于把新冠病毒疫情比做珍珠港和 911 事件了，以此警告美国人民，未来两周死亡人数将剧增。美国人此时也醒了，戴口罩、六英尺社交距离，慢慢成了新常态。各方信息表明，美国疫情在接近或者抵达了高峰，拐点提前到来了。大致"战况"是：

纽约州新冠确诊病例达到 138836 例。好消息是，根据目前的数据模型预测，纽约州的新冠住院率可能已经达到了顶点，ICU 住院率和插管率都大幅下降。但坏消息是，纽约州出现了单日最高死亡病例 731 例，总死亡病例达到 5489 例。

州府正在考虑重启社会活动的最佳方案。首先要重新启用区域性管理措施，并加大新冠抗体检测力度，如果 FDA 通过了抗体检测，纽约州将开始大规模给民众进行抗体检测。通过检测的民众可以回归正常生活。（美国中文电视报导）

从数据看，纽约战场局势逐渐明朗，也为后期疫情向他州大规模蔓延后的应对，提供了参考模式。

昨天深夜，严力大概还在作画。他对我说：

我时常这样想：智者不应该过多地陷在针对具体对象的机智嘲讽里，能否以人类旁观者的方式看待人间事物，不光是对写作者国家、民族、宗教和性别认同的挑战，更是观察人类最终到底能否得到以认知的形而上来管理形而下的那种生存方式……这种写作态度不涉及谁是英雄或庶民的判断，它以没有国籍的云和没有边界的水，来记述语言和语言、动物和动物之间的地球事物，任何人的信仰选择，也只是一种或利益或无知或求生的数据。

作为诗人和艺术家的严力，他的作品都是哲理性思考的展示。我曾经在一个世界现代历史博士课程学习。那时候，1990 年代，正值全球化、现代化体系席卷世界。我们课程的核心就是现代化这个题目，全球各地区的任何国家，都以现代化（全球一体化经济、都市化运动等）为标准。1870 年以来的现代历史，从此解读；历史学家得用社会学家归纳的各种模型来重新审视世界变迁。当时的我，才从中国来到现代化的"中心"，即使上海，也还没有发展高速公路、高铁，私家汽车几乎为零。美国尤其是纽约的故事，似乎象征着现代化是人类的唯一通道（通向何处？物质的富裕世界）。三十年前的我，纵然就读博士学位，大概也不会理解严力的这段话。但今天，我相信我懂了，尤其是处在席卷全球的新冠病毒疫情的环境中！

回想起来，现代世界史以民族国家为开端、为特征。一向认为是进步，民族自决，国家边界建立，彼此关系分明。外交折冲代表文明的过招。世界由此进入秩序时代，而不是无规则征伐。但我们必须认识到，民族国家模糊了人类的共性；人的身份，限于不同国家和民族的个人，而没有国家的个人，则艰难困苦。因此，如爱因斯坦、余英时等，如捷克作家卡夫卡、昆德拉，淡化祖籍国，被认为大事。如果从人类的角度，国家、民族、血缘、家族、家庭，其意义虽然重大，但不宜画地为牢，反过来超越人类的共同精神价值。

我也认识到，从人类角度、高度看待现实中的具体事情，是一个很理想却很艰难的思维方式，但，也是可以训练的。我们习惯于对具体事情做出反应，即使调动了存足的知识库、理性的判断力，局限实际上在其中了，但不知觉耳！如果能时时提醒自己，养成反省的思维习惯，或者被知识友人提醒、点穴，是极好的训练。

今天上午，严力发来一张画，他的新作品。

谁能够想到，人类生存的唯一星球，在今日能代表所有国家与人民的这个"联合国"，它的旗帜是一面口罩？据说，今晚有黄月亮，出门四望，除了高风和冷云，并无月色。我想，如果有，应该是同情着地球的蓝月亮。

这几天只要阳光好，我们总是出门散步，走上七八千步，在公园稍微舒展筋骨。诗人王渝说，她锻炼身体的方式是对着墙打乒乓球。她给我发了一张照片，但见她精神专注，矫健挥拍。

可惜，下面的几个礼拜，我们的散步要停止了。我二姐每天从上海发消息，要我不再外出。她一定看到了大量关于美国"挺不住"的消息，吓坏了。不过我们的停止散步不是因此缘故。昨日上午，妻子两手捧着一堆衣服去院子，不料错过了最后一个台阶，踩空，跌倒于地。她两个脚腕折向地面，同时受伤。当即打电话给家庭医生于勇。拿到医生夫人给的附近 CityMD 地址，前去急诊（平日繁忙的北方大道，车稀人少。此种景象，我只有在北上开过纽约上州"破落"小镇时见到）。万幸，伤未及骨。但红肿的两脚已令妻子行走艰难，须待以时日休养康复了。这可谓新冠疫情期间的副产品，一下子打乱了三个星期来的生活节奏。州长命令，社交距离延长到 4 月底。妻子两脚的康复，应该会"赶"在社交六尺的前面。

2020.4.5

饶 蕾

与智慧和风度同行

2020.3.20

纽约按下了暂停键

清晨大雾，山庄朦胧，十分美丽。让人无法相信疫情正在蔓延。我按时开始在家工作。昨天纽约州长库默把居家工作或停工居家的人从 50%提高到 75%，纽约州将有更多的人和我一样开始宅家的一天，也是更安全的一天。孩子停课在家，有两门功课在网上继续，其它课程学校还在筹备，反正下周是学校的法定春假，正好可以给学校和老师们更多的时间去准备。疫情来得突然，学校匆忙关闭，老师们在努力，大家都理解。老公还在坚守岗位，是家里唯一令人担心的因素。新冠病毒诡异，他虽无任何症状，昨晚还是坚持抱着枕头去客房自我隔离。

八小时的工作一点儿没有减轻，看起来美国的、新加坡的、印度的、日本的、南韩的业务都在继续，中国的业务正在重新开启。马来西亚要求把会议推迟到 4 月，因为国家控制疫情的力度加剧，希望大马平安。下午国际塑胶工程师协会（SPE）有个网络会议，召集所有分会的组织人员参加。邀请函很特别，声明没有明确日程安排。我打开 ZOOM 会议室，发现居然有 481 人参加。国际塑胶工程师的年度技术研讨会及会展原计划三月底在新安东尼奥举办，因为疫情的缘故，改为在网络虚拟会场召开。这是大家筹备了半年的活动，从征稿，审阅，到落实的日程安排，组织者们花费了许多心血。我很高兴听到参会的人数并没有减少。最激烈的讨论是疫情，是塑胶行业能为抗疫做什么。也许你知道，口罩、防护服、护目镜、呼吸机上的许多部件、消毒剂包装瓶、消毒巾等一线抗疫用品都是塑胶制品，甚至外卖的包装盒和杯子也是我们产业的制品，我们的义务责无旁贷。针对医院口罩和防护服告急的现状，3M 已经扩大生产到每月产量 1 亿 N95 口罩，供应美国的医疗前线。一位同仁分享他们公司的经验。他们医学实验部门库存几千 N95 口罩和防护服，现在缩减工作人员，用量减少，他们已经把库存捐给医院。他号召其他公司把库存医疗防护用品捐献或卖给医院。SPE 将把这个呼吁发给所有业界人士，尽最大力度帮助国家度过难关。我们还提到汽车部件行业减缓，公司应该灵活机动，尝试转型生产医疗和民生的急需用品。

　　参会发言者来自美国和欧洲各地，有人的孩子或配偶正在医疗前线，很多人和我一样在家工作，没有人沮丧，也没有人惶恐。有一位老先生说，因为在家工作，他平生第一次尝到太太完美的厨艺。一位年轻先生正在开会，两岁大小的孩子爬入他的怀里。在疫情蔓延的时候，我们的生活都不得不改变，但是信心还在，情怀还在，亲情和爱没有改变。

　　下班，我就急着看疫情新闻。纽约州长库默宣布纽约州按下暂停键，关闭所有非急需服务部门，人与人之间保持 6 英尺（大约 1.8 米）的距离。因为新冠病毒感染的人数迅速增长，16 天内从 3 月 3 日的零人增长到 8310 人，需要加强控制的力度。他强调呼吸机是当务之急，用了一个震撼人心的比喻，现在的呼吸机就是二战时期的导弹。

　　我们塑胶行业生产呼吸机上的许多部件，但是整台机器，还需要其他行业挑头。我相信美国的企业和人民都和塑胶行业一样有情怀，有担当，一定会很快加速生产，时间是个关键词。

　　纽约州从星期日，3 月 22 日晚八点开始"封城"。居民可以出去呼吸新鲜空气，买菜，去公园，但要保证"拒人"6 英尺。这一决定要感谢纽约的病毒测试能力，从一开始每天测两百个样品提高到昨天一夜测了一万个样品，让我们了解病毒增长的真实趋势。库默说的几句话，我有点儿感动。"我们现在是救人，能救一个救一个。将来我们想起来，能说那时我们尽力了。""经济会有损失，个人会不方便，如果你要抱怨，就抱怨我。这个决定和任何人没有关系，我承担全部责任。""人命是不能用金钱来计算的。"坦克已经开入曼哈顿，军队介入。我们并不害怕，因为他们是来打击病毒的，是来帮助纽约人的。稍后，新闻报道 FEMA 宣布纽约为重灾区。一切不可能发生的事儿都发生了。武汉封城时，川普总统宣布停运武汉，我们都认为切断病源是对的。因为每个国家的国情不同，武汉可以封城，纽约是不可能封城的。谁知当疫情险峻，美国也是救人第一。

生活还要继续，我继续筹划全家的美食。以前，全家只在晚上一起吃饭。我家一半做，一半买，小意思。现在八小时工作之余，要操心一家人每天的午饭和晚饭，还要尽量吊起大家的胃口，我感觉到挑战的味道，当然也尝到挑战的乐趣。昨天做了香肠意大利面，得到一致好评。今天做砂锅排骨炖土豆为主菜，又混过一关。

在疫情的冲击中，我已忘记季节。微信上纷纷跳出来春分的祝福，应该是莺飞草长的时刻了，但是纽约春晚，三月的芳菲要等到四月。尤其是我住在山上，季节又推迟几天。记得有一年，网友们都在晒春花的照片，纽约还有残雪。我心里急得不行，就写了一首诗歌《盼春》。

盼春

不说想你，只见积雪消瘦
土地的思念酥了，软了
山野四处奔跑
诱人的绿，深藏在大地的
心坎上，无处寻觅

那么多数字，挤破屏幕，落在一摞又一摞的

纸上，征伐，举着款式新颖的刀枪剑戟

如何平定这个此起彼伏的乱世

我静心，凝神，借孔明东风

火炬昂首，数字阵脚大乱。突然中军探出一点绿

冷气倒吸一口，指尖慌忙送你潜入纸的深处

视左右无人，窃喜。再全神，尚未眨眼

笑盈盈的新绿弄乱了字里行间，四下拱出天真的顽皮

哎，你就不怕锋利的 7 割破你的手指

你就不惧结实的 8 瘪你的呼吸

你让我如何是好呢

还是喝杯咖啡吧

谁知春天缓缓地浮出液面

如此清晰

疫情总会过去，春天一定会来。我们每天都保护好自己不生病，也保护好别人不生病，一个平安的春天就会向我们走来。今年纽约气温高，我竟发现院子里的水仙花露出嫩嫩的黄色，羞答答的样子让人欣喜，也许明天就能开呢。

2020.3.21

纽约疫情在升级

阳光灿烂，天蓝得醉人，令人心情豁然开朗。

老公一早要去超市买鸡蛋和蔬菜。为戴不戴口罩，我们争论了半天。我说戴口罩，多一层防护，没有坏处。他说大家都不戴，他一个人戴像个靶子。我说别管那么多，不得病才是硬道理，口罩至少可以挡飞沫。他说新冠病毒传播的主要途径是接触传播，他手里拿一条消毒巾，仔细擦手，擦购物车，不会接触任何病毒。美国人打喷嚏都用臂肘遮住口鼻，哪有飞沫落到别人脸上。我执理不让，据日本报道，病毒飞沫可以在空气中存活最长达 3 小时。如果有人刚打完喷嚏，你走过去，风险依然存在。他说美国人认为只有病人才戴口罩，防止飞沫喷出，保护别人。健康人不用戴口罩，戴口罩不能保护自己。我说若能保护别人，就更该戴，超市里都是社区的众乡亲。他说他又没生病，没必要防护飞沫污染他人。我说新冠病毒的潜伏期2-14天，甚至更长。每个人都应该假设自己被感染，戴口罩去保护别人。人人保护别人，才能保护所有人。结果我是半个赢家。他同意拿一个口罩，只要有人戴他就戴。没办法，"将在外，军令有所不受"。他独揽外出大权，我只能相信他的判断力。出乎我的意料，他回来说超市已有少数人戴口罩，他也戴了。我悬着的一颗心终于放下来，但是我的思维却像荡得高高的秋千，无论如何停不下来。

一个小小的口罩竟成了东方文化和西方文化冲撞的焦点。东方有东方的道理，西方有西方的根基。让东方全盘接受西方文化，有翻越喜马拉雅山的难度；要西方彻底笃信东方文化，也有跨越太平洋的距离。如果再加上科学的准确性和民众的接受程度，情况就更加复杂。存异求同，相互理解，相互切磋才有可能达成一定程度的共识。谁对谁错都不重要。防御疾病，阻止病毒蔓延才是我们的根本。

说到口罩，真要感谢我在国内的妹妹，她不远万里寄来口罩，我今天收到了，心里非常感激。当时她要寄，我说不用，美国不戴口罩，而且我怕寄也寄不到。因为哈尔滨"禁足禁车"时，我得知老母亲只有纱布口罩，心急火燎地跑了好几个商店，最后终于买到10 个口罩，又和朋友匀到几个，特快专递寄给她。当时邮局和我说，现在中国疫情，特快专递的时间已经不能保证，我认了，寄。一星期后，我很高兴收到通知：包裹已到上海。又过了几天，通知我邮件到了北京。可惜然后就没有下文了。现在轮到美国疫情严重，谁知是否会有同样的情况？美国现在可以戴口罩（少数人戴了），但是一罩难求。这些口罩就是雪中送来的炭。还有几位亲人、同学和工作上的合作伙伴主动提出寄口罩给我。我无才无德，有这么多人关心我，真是幸运。你们是我走过疫情的阳光，真心感谢。

　　纽约疫情在升级，确诊病例破万。我虽然预期病例应该增加，这个速度还是令我吃惊。朋友们和我似有同感，纷纷告诫我，哪儿也别去。我很感激他们。我们谁也见不到谁，仍然能感受到彼此的关爱。若不是看过武汉、南韩和意大利发病至大爆发的曲线，我不知此时该是怎样的心情。根据这些国家和地区的疫情经验，我知道这是大爆发或者趋近大爆发的表现，是每个疫区都要经历的必然过程。好在纽约州昨天已经宣布"封城"，全民居家隔离是最强有力的隔离方法。只要不接触病毒传播者，就是安全的。没病的和轻症的在家隔离，阻止病毒扩散；重症一定要检测、确诊、住院治疗。我认为只有在全民隔离的前提下，只查重症，才行得通；否则轻症带着病毒四处游走，新的重症难免接踵而来。这是当前的最佳决策，强有力地阻止病毒蔓延，减少医疗系统压力，集中力量抢救重症病人的生命。我想得很远，居然想到解除"封城"的时候。那时政府一定要确保没有带菌者流入社会，引起新一波疫情。但愿人家早有计划，我在杞人忧天。

　　今天也有好消息。FDA 批准了一个快速检测法，45 分钟能出结果。百万 N95 口罩发往纽约市，另外 50 万发往长岛。医用口罩是纽约重灾区的燃眉之急，这真是太好了。呼吸机还没有彻底解决，但是川普总统谈到在尝试各种方案。看到通用、福特和特斯拉等汽车巨头都表态愿意转型生产呼吸机，支援抗疫，我的心里一亮。我个人估计呼吸机的供应是长期乐观，目前可以应对，如果近期需求突增，可能告急。纽约州长库默做事脚踏实地，准备在前。纽约已经在挑选会议中心和大学生宿舍等，国民警卫队将把它们改建成临时医院。还有游轮，如果你们还记得一再蒙难的"公主们"，她们也可能被启用，作为后备医院。倘若重症继续增加，不出现床位和呼吸机短缺现象，就不会失去能抢救的生命。该呼吁的他在呼吁，该合作的他在合作，该准备的他在准备。虽然还有许多事情没有落实到位，但是都在向那个方向发展。我感觉心安了。

前几天在网络上看到一张照片，医务人员每人拿着一张纸，上面写着："我们在这里为你们坚守，你们为我们居家隔离！"人间的大爱是无边的。医护人员是我们的一线战士，一定要保护好。为他们而宅家，我们居家隔离的意义立刻高尚起来。

明晚八点，纽约州要正式"封城"。我们将继续宅在家里上班、上学、做美食；业余时间爬网、上微信、打电话、发展业余爱好。网络真好，为我们开启了另一种社交方式。昨天二湘和我说，"很多人喜欢你的《纽约按下了暂停键》，要你接着写啊。"我自己也收到许多读者留言，希望我每天写一篇。我非常感动，感谢读者们的厚爱和鼓励。为答谢你们，我写了今天这篇《纽约疫情在升级》。我的时间捉襟见肘。一边忙着全职工作，一边照管孩子和家人的胃，只有零零碎碎的时间可以分给文学爱好。每天写一篇纽约疫情日记只能是我梦中的彩虹。但是疫情中的每一天，我不会错过。我将把体验和感悟记录下来，也许每个周末写一篇，以慰我心，以飨读者。谢谢你们，真的谢谢你们！

纽约"封城"是否顺利？答案全在我们纽约客手里。希望我们不要逼得库默去找来 800 只老虎和狮子，漫游纽约大街（网络上的搞笑图片）。愿纽约客都做自己的老虎，管住自己的心，管住自己的足。若我们出去呼吸新鲜空气或买菜，请记住拒人 6 英尺（大约

1.8米），显出纽约人的"霸气"。若我们宅得实在无聊，可以光顾谷歌艺术和文化网站：https://artsandculture.google.com。谷歌为了帮助我们宅家的疫区人民，免费开放 2500 多家世界级的博物馆、美术馆和歌剧院。如果我们看累了，还可以打开亚马逊的 Audible Stories 去听亚马逊为我们疫区人民开放的免费书。在我们享受之余，请感谢谷歌和亚马逊帮助我们战胜疫情，感谢他们的一份爱心。我们都不在孤军奋战，许多人都和我们在一起。

最后，我愿分享哈佛大学校长 Lawrence Bacow 的一段话。这是这场疫情开始时，他通知学生撤离校园邮件里的最后一段。

"没有人能预知在后面几个星期我们将面临什么，但是我们每个人都要懂得 COVID-19 将考验我们在危机时刻所显示的超脱于自我的善良和慷慨。我们的任务是在这个非我所愿的复杂混沌时刻，展示自己最好的品格和行为。愿我们与智慧和风度同行。"

说得多好，危机的时刻也是考验我们的时刻，"愿我们与智慧和风度同行。"

唐 简

纽约，在不看数字的日子里

04/15，周三，晴，多云

6点多钟，听见直升机从天上飞过，不知是在未醒将醒中被它唤醒，还是本就到了醒来的时刻。起床后，飞过更多的直升机，割草机似的"哒哒哒哒"，听起来就像是在楼顶，不久，又有救护车的声音。今天是个晴天啊，不是雨天！

自4月1日以来，这似乎成了常态，疫情凶猛如此，很不幸。如果我家一带——曼哈顿的哈德逊高地（哈德逊河东岸、百老汇街以西181街和崔恩堡公园之间）情况是这样，纽约市别的地方恐怕也差不多。住在皇后区小颈湾的果果在她一则"纽约随笔"中提到：救护车的呼啸声在狂风暴雨中此起彼伏。

身处疫情中心，每天看着数字成千成万往上跳，没办法淡定，就像武汉封城后至整个2月，每天揪心地看着各种数字往上跳。不过，幸运的是，从3月16日开始，在家工作，日子简简单单，读读书，写几个字，也纯纯静静，更有乖女在家上网课，享有同她在一起的珍贵时光。因此，除了前一段时间胃肠有些不适，后间歇发作，偶尔嗓子痛以外，总体一切都好。至于腰痛，久痛不怪，自度过去年11月到今年1月令人绝望的三个月之后，已慢慢好转到不至太影响生活的程度。

现在，已经不看数字了，至少是不专门去看，只在读张慈的"全球抗疫笔记"时瞥一眼，在读《纽约时报》、NBC、CNN新闻时，随便瞥一瞥。倒不是为了过目即忘，而是在下意识里，花的时间越短，刻在心头的可能性就越小。当然也读一些公众号，常常读的有灵子漫游记、不可避免的生活、小引诗歌，也读果果、邱先生、葛先生在 Zine 上的记疫文字，以及二湘的几个维空间。

3 月 1 日至 4 月 14 日，45 天，纽约市从 1 例攀升到 11 万例，全美从 88 例到 60 来万，全球从 8.8 万到近 200 万，有几个人盯着数字看时不胆战心惊？起初，各种好消息接踵而至，测试技术六次更新，诸多大企业相继支持，联邦政府救济，美联储降息，等等，查看数字时，底气固然被几何级数飙升的势头挤压得越来越像瘪下去的气球，捏一捏总归软塌塌地还在。但 4 月 1 日那天，像是愚人节恶劣的玩笑，"气球"真的瘪了，一切来得突然，毫无心理准备，救护车、警车和直升机暴增，它们的呼啸声不断传来，密集到七八分钟之隔，夜里好几次在它们的喧嚣中惊醒，忧心忡忡，感到置身于战时，战火蔓延，炮声隆隆，随时会有空袭，几多惊惶不安。这样的日夜持续了四五天，情势渐渐有所缓和，它们声音的密集度降到间隔二十来分钟，几天后再降到三四十分钟，当再度下降时，出现了"拐点可能到来"之说。没去调研这一可能性，怕期望落空。

窗外，春意盎然，在大楼和街对面楼栋沿墙的狭长花园里，在街道两旁高大的美洲皂荚树上，绿色各自点点绽开，兼有门前一树杏花，蓝天白云，说不出的诱人，也说不出的不真实。就在前天，13 日，周一，看出去却是阴雨绵绵，冷暗、潮湿，红叶曾说这样的雨天是很不利的，果然，救护车、警车和直升机的声音从各个方向涌来，一天都没断过，每小时响好几次，夜里 12 点多还在响。

日子重复着，耐受度在不知不觉中一点点拉伸，今天的过法和昨天的一样，没有好，也没有不好。工作节奏放缓了，家务事和琐事增多了，一日三餐得花时间准备，衣服得手洗（这是另一个故事），每次出去，倒垃圾、发邮件取邮件、取订购的食材，得细细消毒，时间——或者生命，就在这样的日常中被耗去一分又一分。不可避免的生活。

早餐后，整理客户材料，留意着它们的声音，一边同两个老友聊天（其中一个碰到了不开心的事）。中午以后，密集度有所下降，到晚上又再好些，心中稍安。在不看数字的日子里，每天，听它们的声音。

晚餐吃昨天剩下的鸡腿炖豆腐，炒蛋炒饭，煮菠菜。本想做一道意面，女儿怕东西吃完了不好买，说能省就省，剩下的汤不够，可以添点儿别的。晚餐后，戴上口罩、手套，穿上雨衣，把寄给移民局的邮件拿到楼下，放进 outgoing 邮件的盒子中（史蒂夫会取走），把可回收的垃圾（已分类）拿到大楼底层，再取回邮件和包裹：弟弟寄来的护目镜和 100 个 KN95 口罩、在沃尔玛订购的泰诺，和女儿买的打奶器。外包装消过毒后，除了打奶器，其余的放进干净的塑料袋中再搁置两三天，万无一失。可问问小凌她的医院要不要 KN95 的口罩，如需要，尽数拿给医院。周日送了些医用外科口罩和别的东西给警察，当时以为医院只要 N95 的，后来才知医用外科口罩也要。

临睡前侧耳倾听，一时没听见什么。上周这两栋楼 co-op 的另一栋业主中有人确诊，在家隔离，至今管理委员会没再发消息，也许没有消息就是好消息。

04/16，周四，晴

迷迷糊糊中觉得头有些晕，也有些痛，心念说再睡一会儿，乖女端了杯东西进来叫我，风一样光一样闯进朦胧中，凝神看去，米色底小红花的厚瓷杯被她端得稳稳的，几乎递到我嘴边。"赶紧喝，老妈同志！"她说。这使我立刻清醒过来，意识到她的心意，遂谢谢她，请她拿到厨房，等我洗漱后再喝。

昨天她说，卡布其诺做好后，需要在 20 秒钟内被喝和受牛奶（中文原话），因此必须立即起床，起来喝乖女做的香香的咖啡。这孩子，完全是英文的语法，总是喜欢跟我闹着玩。

今天，情况比昨天好，它们声音的密集度又回到几天前，间隔二三十分钟。

　　卡布其诺好喝极了，加了少量浅棕色有机原糖后更加美味。实际上从没喝过这样好的卡布其诺，而且是在这样的日子里喝到的，幸福。但幸福还不止于此。女儿在做一种法式蛋饼，她用打蛋器把蛋白打出均匀的白泡，几乎成奶油状，再倒进锅里小火煎烤，加进打好的蛋黄，前后半小时功夫，吃的时候加盐和胡椒。当然好吃！

　　草莓和蓝莓已收到三天，是按某次维忠说的办法来准备的，放入高浓度的盐水里泡几分钟，充分洗净后存放，吃的时候拿出来就是，方便。后来他说用水洗洗就好，无需用盐，但为安全起见，还是用盐好。3 月 24 日那天浴盆和洗脸池堵了，脏水回流，便将一整罐盐倒进去消毒（题外话了，回头发那时的记录再细说）。

　　胡萝卜和葱也如法炮制，各各洗切好备用：胡萝卜切小块，两根切成小碎片单放，葱切葱花和葱节，分开放。只剩这些葱了，希望坚持到周末。周末有一批食材和日用品到货，23 号还有一批，女儿按合理时间间隔来订购的。由她负责采买，省心不少，这孩子，不许我去超市，开车去北面的扬克斯全食超市也不行，口罩、手套、雨衣、雨靴、护目镜"全副武装"还不行。围绕去超市感染病毒可能性的大小，我们谈过三次话，几乎是辩论。双方最后达成一致：由她负责一切采买，食品必须是 organic（有机的），如有一样不是有机的，我可以获得一次去超市的机会。不过，三周前第一批到货的东西中，肉类除了三文鱼，都不是有机的，看这孩子难过的样子，便答应让她再试一次。原来，问题出在下订单时必须选择"no substitute"，就是如无有机的，不替换。

　　晚上女儿做了奶油南瓜汤，比 Halo 餐馆的好吃。本要做红烧胡萝卜和葱油炒饭的，经女儿同意后，省去这一麻烦。晚餐简单，汤和面包，七点前已吃好，比前段时间八九点开饭好多了。

　　七点，每晚纽约市为医护人员和重要岗位工作人员喝彩的时间，女儿打开窗户大喊，又是鼓掌又是敲锅，我也加入她一同鼓掌。今晚，有个特殊的仪式，喝彩后，全纽约跟着 Peace of

Heart Choir（和平之心合唱团）进行了一场全城范围内的大合唱。这个合唱团在 9.11 之后不久成立，志愿者们为纽约市医院、养老院和庇护所举行过免费演出，这一次，他们希望通过组织这项活动用"音乐的治愈力"帮助所有纽约人。活动肃穆、激情荡漾，纽约远不是一个死寂的疫情之城，纽约人民依然内心火热。泪目！

饭后零食是有机芒果干、杏干和山核桃。

疫情还未消停，明天将有三个宇航员 Jessica Meir、 Andrew Morgan 、Oleg Skripochka（前两名美国籍，后者俄罗斯籍） 在离开地球 200 多天后，从太空返回，于哈萨克斯坦的沙漠着陆。他们离开时，有派对、握手和拥抱，现在，将只有新冠病毒和戴口罩的工作人员等待他们，同时等待他们的，还有着陆后一系列恢复训练和医疗检查，以及新的"游戏规则"，即适用社交距离和个人卫生消毒防疫措施。

在另一个世界，川普想开放、重启经济的宏愿遭到州长们的抵制，感谢科莫将纽约的"暂停"令延至 5 月 15 日。至于川普和拜登谁赢谁输，时有报道分析，两个都不想投，write-in 也没什么实际意义，很可能弃投。

码完字，又是一天。洗完澡休息，习惯性地听听，它们的声音消疏了。

自由和声音：最想要的是什么？

男人和狗

整整一周没出门，蜷缩在蜗居中，每天被各种声音包围，在心底，直升机、救护车、警车的噪音被关在那里，只觉得肩和背脊一天比一天紧。9：12分，天色似乎格外的黑，有个牵狗的人走过，他的狗汪汪叫，就在大楼对面的人行道上，那时暖气正发出源源不断的嘶嘶声，那是一种奇怪的组合。他走过的时候，那群人还在不远处聊天。尽管不冷，暖气足足的，暖气将按照某个 co-op（合作公寓）的规定一直开到 5 月，这无疑增加了我耳朵的负担，我的耳朵必须在压力之下追踪那只狗。狗是只吉娃娃，这听得出来。也许是黑色的，是夜晚的颜色。狗的主人是谁已经无关紧要，狗的主人从哪里来，要到哪里去？这么晚了他为什么在外面走？他会不会是那群人中的一个，才刚刚跟他们道了别？没有警察来，一个都没有。他们还在聊，并不因为一个人的缺席而散去，由此可以判断他不是。狗叫声一声比一声小，一人一狗渐渐走远了，消失在听力范围之外。这时又传来警报声，短促、尖锐的警报，发出这警报的车速度很快，像闪电那样，在风驰电掣间，完成声音由近及远的递减和消失。

04/20

去塔里敦

周日去塔里敦（Tarrytown），离常去的那家希腊餐馆大约半英里，也就是从餐馆正对的岔路往上坡的方向开上去，转两道弯，再顺坡而下，即看见湖、山。湖在左斜前方林间的开阔地露出一小块，小道在右斜前方山林的入口处顺地势向远处隐隐约约地延展。拐进岔道后仅一分多钟，景致前后的骤变让人有近乎晕眩的感觉。家附近的 Fort Tryon Park（崔恩堡公园）是我的最爱——应该说极美，可惜人比这地方的多，某次在地图上逛发现了这地方，上周来勘查后心里是喜欢的，便想着今天再来。当然还是要"全副武装"，着口罩、手套、雨衣、雨靴。

不大的停车场停满了车，路边也停得有，人比上回多，但目测不会妨碍自己固守与他人六英尺的距离。注意到多数人在小道上散步、跑步、骑车，少数人沿湖边的小路绕着湖走，基本都戴口罩。没有一个人爬山。也许是因为半山腰的一排树上贴着"学校产业，不得逾越"的黄色告示，这是上次来时发现的。四月了，看起来是晚秋的景象，山上、湖边铺满落叶，它们和树林的大部分都是褐色，甚至夹杂着枯黄，奇妙的是，这一切竟有一种说不出的美。天蓝蓝的，和风吹来，一阵阵透进雨衣，尤为舒爽，心里盼着风一刻也别停，吹，不停地吹，让雨衣像帆鼓起来。看见第一只鸟的时候，自由跟它一起，轻灵地扇动翅膀，飞上枝头。

04/22

新到了一批食材

出游后，心情舒畅。门口堆着新到的食材，照例处理了。取了邮件（今天的少），一份移民局的收据，一份客户寄来的材料，略用酒精喷了喷，放进一个新塑料袋搁到一边。

昨天那篇《纽约时报》上，专家说不必太担心邮件和包裹上带有病毒，因为几率极小，也不用担心在超市和药店病毒会跑到衣服上、头发上，我们移动的速度远不能摄住病毒使其附着在表面。至于鞋子，医务工作者的鞋底检测出病毒是预料中的事。从这些信息来看，只需用酒精喷鞋子。女儿也读了。这多少让人松一口气，不用再喷遍邮件和包裹，把它们扔进干净的塑料袋放几天就好，也不用喷衣服和裤子，只要没在外面近距离接触什么人。

酒精不多了，酒精总是比预料的消耗得快，别的防疫物资也是。发现 First-Aid-Product.com 似乎还有货，下了订单，也不知能不能收到。上一次，电话打过去那女的说不确定，等了一个多月，以为收不到了，又到了，三分之二的是99%度，三分之一的才是70%度，但已经相当的幸运。漂白剂也是等了一个多月才收到。在亚马逊上早已买不到什么，3 月 14 日那次订的酒精，订的是 70%度，到货时变成了 50%度。给杰夫•贝索斯发了邮件，直接发到 jeff@amazon.com 的，两天后他的客服助理倒是打来电话（正好错过），又写了邮件，就是表达遗憾、致歉及退款之类的，问可以帮什么忙，绝望之下，明知他也没办法，忍不住回邮更加理直气壮地要求亚马逊换成有用的酒精，果然他说无能为力，指引我去看 WHO 的网站关于新冠病毒的信息。

晚餐是蜜汁胡萝卜猪肉排，乖女做的，用蜂蜜、辣椒、酱油把两样东西腌一会儿，像做牛排一样烹制，味道极好。

接下来的一周就简单了：早餐有鸡蛋、面包、麦片、豆奶、牛奶、果汁和上好的咖啡豆，白煮蛋、煎蛋、蛋饼、松饼、麦片粥、法式土司，怎么都好，咖啡由乖女现磨现做；中餐随便；晚餐，两包三文鱼得先吃，周一、周三各一包，周二把一盒火鸡肉末做成番茄圆子汤和哨子，周二吃圆子汤，周四吃哨子面，周五烧鱼香茄子、麻婆豆腐、蘑菇汤。每天配适当的蔬菜，外加水果、果脯、果仁，丰富而奢侈。食品全都是有机的，连原糖都是。

想把一半的衣服送人。

04/27

最想要的是什么？

朋友打电话来那天，我们说起最想要的是什么。

那天，我为父亲的生日发了一篇文，文章的语言是可以的（这没必要谦虚），内容有些琐碎（这我知道，这里头牵涉到了"下意识"的层面），父亲读了很高兴，但在第二天说有哪几处可以改进，母亲在第三天表达了类似的看法（这我在发文之前已经预料到了）。

朋友说：看到你写的文章了。我说，是啊，有点儿琐碎。

朋友笑：你自己知道了，看你写的文字有些琐碎，压力大吧？我说，是，压力大，觉得像世界末日一样。

朋友问：做些什么呢？我说，有时码字，有时回忆过去。

朋友说：回忆是七老八十的事，看来你真的感觉是世界末日。

对，有一点儿。世界完全变了，再也回不去。

天南海北聊了聊，我问，你最想要的是什么？

沉思几秒后，朋友说了两个字。

我说了一个字。

04/28

王渝老师

读《纽约一行诗刊》的公众号，王渝老师有则妙文叫做《奇迹》，灿烂的阳光吸引她到窗边，"街边树的新绿抹上我的眼瞳，处处春天。"她入迷地看着一方街景，看路人走过，看跃入眼帘的物事，心在无边无际的时空漫游，"过去、现在、未来，聚焦成此时此地。"正胡思乱想间，一个没戴口罩的年轻女人出现在街对面的大楼前，女人本来在四下张望，不知为何径自笑了，给她带来一种震撼。"幸福感浸浸全身"，王渝老师写道，"在这不自然设限隔离的时空，她展示出的无所遮掩微笑的脸，落入我眼里，分明就是一个奇迹。"

可怜的王渝老师，热爱自由、热闹和咖啡的王渝老师，"新绿抹上我的眼瞳"，眼珠快要掉了的感觉，羡煞了吧？无奈只能困在寓所，想东想西，被一个微笑击中。

假如你有过类似为小小的美好而感动的经历，那一刻，你也是幸福的。当然，幸福还有不同的定义。

这样的经历，我有过无数次，包括这一次。

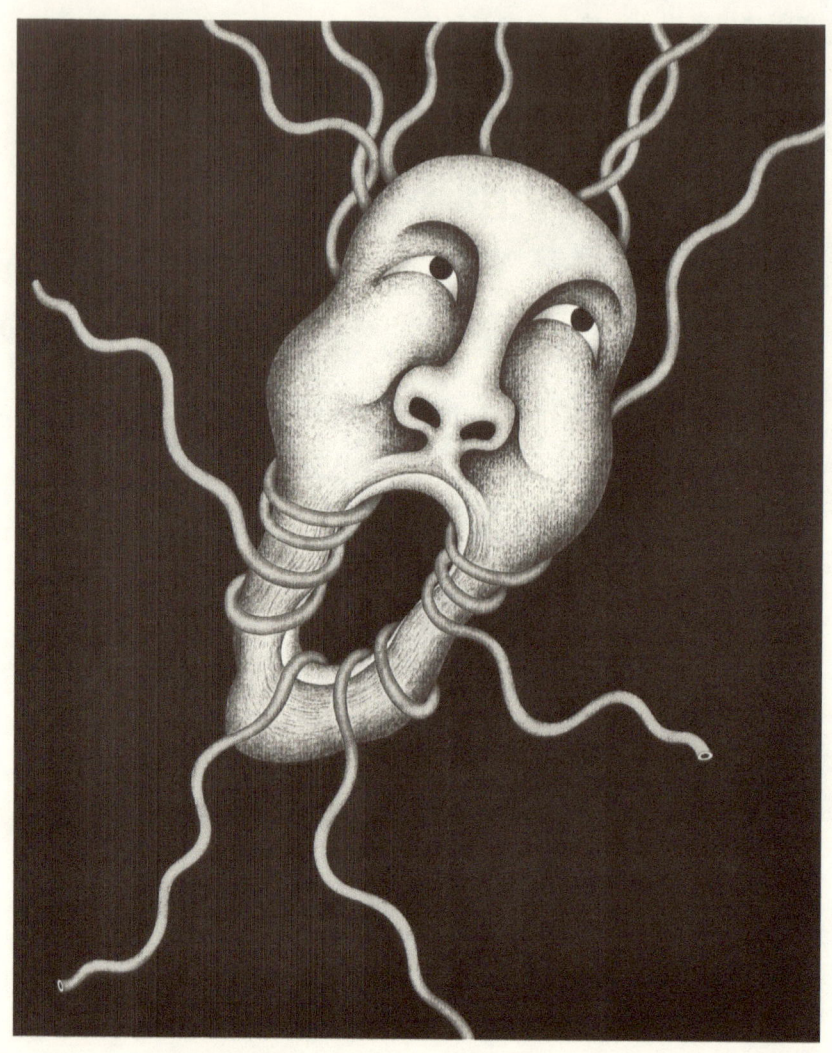

嚎叫（李云枫作品）

庭 柯

疫中随笔

大公鸡

4/3日　周五　有雨　。宅家。

疫情严峻，形势不乐观。检测结果阳性的人数，死亡的人数，失业的人数……继续攀升。小岛昨日失去十几条生命，整个纽约市达到最高峰。

政府每日新闻发布会向民众报告出台的具体对策，下面各家公司随之也纷纷应对。儿子公司召开电话会议稳定人心：不裁员。最高层管理人员率先减薪水等等，山雨骤至运筹忙！

灾情持续升温发酵着人们的心情。家中大领导开始有点"作"了，以往温良恭俭让的绅士派头，现在常露显大公鸡的激昂。开电视高声与电视中的发言人"雄辩"；看报纸重重的点着标题开始挥斥方遒；还常常对着窝里的母鸡与小鸡们叨叨深奥的经济模型；然而每天最兴奋的不外乎在电话上与其他"公鸡"们高谈阔论，从新闻到决策，从判断到预测，从马列到希特勒……各式话题，一场接一场，乐此不疲。渐晚斗志在言语中耗尽。

现在我可算明白为什么斗鸡的鸡都是公鸡，为什么酒吧聚众的都是男人，为什么喝着啤酒看球赛的大多都是雄性。在蔓延的疫情中真需要相互交流与发泄，吐槽与歌唱来疏解心中的郁闷与焦虑。

厨娘想煮些清凉的金银花水压压火，但转念已到清明节了，没有艾叶就拿菠菜做几个青团子。菠菜青团子颜色有点深，味道还算80分吧。

今年除了悼念疫情中失去生命的同胞，全家特别想纪念李文亮医生，说声：天堂安好。

居家理发

4/11 日 周六，晴。宅家。

户外蓝天白云阳光，屋里洗衣做菜煲汤。

近来虽每日看"两会"，（总统与州长的疫情报告会）但有点听烦了总统的重复自我表彰，远不如好友丁老师每日的报道和评论来得简洁扼要到位。

艰难的一周过去了，今日小岛死亡人数 13 人，明显下降是否意味着曲线趋于平稳。

自不出门后，厨娘每日掌管全家三顿。冻柜里塞满了猪牛鸡鸭鱼，冰箱里的蔬菜红黄紫白绿，够吃一阵子的。为了保证每日的蛋白质来增强体质抗病毒，厨娘每周末煮一大锅鸡汤，要求全家不停喝，弄得一家人像生完孩子的产婆一般。

鸡牛猪鱼每周如走马灯似地响亮登上餐桌却有人对着厨娘说想吃披萨饼；解毒汤从柠檬加蜜糖到枸杞泡黄芪一直喝到蒲公英花的草药汤，真希望解毒的同时还有减肥的功效。

几周可以不出门，几周的头发可以长得如蒿草，今日端出理发用具要为小儿剃头，只能居家理发了。

记起小时候自家母亲也要学理发，样样俱备就缺勇敢的尝试者，平日言听计从的父亲这次坚决对她说"NO"，于是母亲找到表弟来当她的服务对象。当年表弟还小，被姑妈的花言巧语说动，于是就坐上了牺牲品的位子，最后的收场是母亲掏钱让表弟上理发店让老师傅帮个忙完成她的"作业"。不记得母亲后来找过别人没有，反正表弟从此没有让姑妈再剃过头。

今天从没拿过电推刀的厨娘对着儿子的长发明白这不是菜刀

对砧板的活儿，于是小心翼翼理了好半天总算还及格，只是两边鬓角剃得太高有点小"童花"。细碎的头发一身一地，剃头的手边又没有扑粉，只能一把面粉撒去，方显出厨娘的原色。儿子没多挑剔说了声反正不出门没有关系。我现在能体会当初母亲为何让表弟去理发店找老师傅的原因了。

一家人平日在家上班，白天"同事"多于家人；周末大门不出一起聊天，玩牌，吃冰激凌，也算居家抗疫一景吧。

纪念马里奥

4/20 日　周一　多云。上班。

周一上班，到了单位打听"九命猫"桑子的近况，没消息是好消息，说明她还在康复之中。

然而下班后却收到单位的通告：曾是我们大家庭成员的马里奥不幸患新冠肺炎于昨日在岛上某老人院过世。

记得我第一天在集体户上班就认识了马里奥，一位意大利裔年轻人患有唐氏综合症。他完全继承了意大利人热情开心的秉性，虽然说起话来吐字含糊，但引吭高歌却中气十足音很准。他喜欢到办公室来打电话给妈妈，电话里全程意大利话满满的母子情。挂完电话他总要唱支歌给我听，当然是我喜欢的意大利歌"我的太阳"，唱毕他还挺有绅士派头等着我鼓掌。有时我家老公来电话，他在旁边站着也要说上几句，他可以把含糊不清的话说得很认真也很动听，加上手势和表情演讲得慷慨激昂，而线的另一端好像也不在意能否听明白，领会揣摩就差不多了。马里奥在集体户里不仅有几个铁杆好友，同时中意户里的一位女生谈着恋爱，此外还有个非常爱他的姐姐常接他回去过周末。马里奥从来没有远大的人生规划，但他每天过得很开心。

直到 09 年的春天，一场大肺炎使得我们单位有三个人住进了ICU，马里奥，约翰和庭柯我。记得当我被推出 ICU 转入普通病房路过马里奥的隔间时，我们通过大玻璃窗相互摇摇手表示再见。那一次的最后结果：约翰死了，我康复出院，马里奥气管切开活了下来。由于气管开了个洞后，需要更多的护理，他只能搬出集体户入住老人院，我就没有见他了。

十年过去后，去年的十月我恰在这家老人院有会议，得知马里奥住在八楼就去看望他一下，心里在嘀咕他的记性。谁知他一点没有忘记庭柯，给了我一个大大的拥抱，还问起我家当年小男孩的儿子……他给我的惊喜暖着我的心，这些特殊人群心中明白着呢！他们就守着简单美好的愿望。

单位的通告中提到马里奥因 09 年 H1N1 开了个气管洞，当这次新冠肺炎来袭再次插上呼吸机后就没有成功，这次他被病毒夺走了生命。

获知小岛昨日的死亡人数降到 16 位。对于我来说这个数字比往日显得更立体，因为里面包括着一位特殊的朋友马里奥，他给我唱过"我的太阳"。

"美好的一天，阳光普照的日子。风雨洗涤后的空气是如此清新仿如恩典……"马里奥去了天国，一个可以唱歌的美好地方。

一路走好，马里奥！

PS：马里奥属于弱智群体，平日生活在由政府资助的集体户里。

文 蓉

星球桃花源

　　简单的生活，缔造简单的人。简单的人难免思想单纯。单纯就爱冒傻气。与傻子的临界就在于傻子没有思考能力是浊物，而单纯之人却随着自然生息，在日升月落中苦苦思索生命的真谛，修一身仙气。

　　疫情索居，推特就成了现世之外格外热闹的虚拟王国。在推特逛一圈，多数华人的话题是围绕新冠展开的中美正反之论。

　　然一犬吠形，百犬吠声。人云亦云只是无趣；众口铄金就是无品了。对立不如邦交。领导是会死的，领导班子是要换的。但百姓不同，子又生孙，孙又有子。民众与民众却是要世代相处下去的。

　　网络世界，高墙耸立，两侧民众诸般揣测，无端伤害。何苦？大好时光还不如躬耕良田来得酣畅。以仁为本，拆去高高的设防，盛世百姓，互为观瞻，哪里就有打不完的口水战。

　　路旁时卖故侯瓜，门前学种先生柳。

　　若以政党领导为风向标，而万民从之，我也觉得傻。

　　君者，舟也；民者，水也。水则载舟，水则覆舟。可见民才是根本。大众子民从自身出发，修得独立之精神，自由之灵魂。如此民不唱衰，则国不衰；民不自带风向，则国无风向。

　　现世人人既都有倾羡桃花源的心，何不齐心建一座星球桃花源？桃花源不难建，仅人人有此心便足够。化繁为简：我们的土地平旷，屋舍俨然，良田美池桑竹人人皆有，就算弱者有差，政府楼，经济房，都是一个家。

阡陌交通自不在话下，鸡犬相闻倒是难些了。鸟鸣却从不断绝。只恐鸡犬皆养出感情，一并宠之。

如此这般，众生都成了神仙一般的人物，口吐幽兰，脚踏生莲。淳朴的国度远不止十里桃花，而是浩浩汤汤，灼灼宇宙了。

切切实实，我在美国生活了十来年。虽身处下层，带着囫囵的口语，走了大半个美国。逗留之处，获爱不胜枚举。

外州偏远，人口稀少，但他们的纯良之心如瓦尔登湖水一般澄澈。实在有太多的亲历可供亲动容。习以为常反而没了新意，不愿复赘。

疫情避世，不论华人有无身份，人人都领得\$1200的补助金，至于失业救济，爱心传递层出不穷。此刻，让我守着安心吐槽美国，吐槽这片心中桃花源？如何能够！

泱泱中华，我的母国。高山在心中巍峨；大河在胸怀澎湃。更不提，乡音乡情，邻里亲朋。让我设想与他们中的任何一人，睚眦反目，恶言相向，都能令我双股颤颤，无可面对。

惟愿睦邻友好，亲如一家。山高水长，念必有爱。

所以，卫星网络成也是它，败也是它。5G 移动通信到底是更加拉近人与人的距离？还是反作用？最终考验的还是人心。

我们享用着科学带来的创新与便捷，却也一寸一寸失去身心灵的自然之法。找回单纯的自己，就算偶尔冒着傻气也无妨。只愿亲在星球桃花源，悠哉乐哉，且不足为外星人道也！

2020-05-21（倚门回首，却把青梅嗅）

只想对你好

请相信！从你出生开始，就像一篇起笔的文章，结局就在作家思考里定型了。当然还有其它可能，如作家写了一半，觉得这样糟糕的作品再也写不下去，太没意思了，于是悻悻然弃笔。所以这个时候，被写之人——莫名其妙的也要死去。

《人间失格》有一段关于死亡的对话，十分有趣：母女二人在快乐的氛围中说到死亡。女儿曾听说，有人喜欢夏天的花，那人就会在夏天死去。妈妈笑了，说她喜欢蔷薇，这花四季都开，那样的话，她要在春天里死；夏天里死；秋天里死；冬天里死？反反复复要死四次？说完彼此都笑了。心情真好啊，阴霾尽去，天空不留一丝遗憾。

作家写万字文的，那人就活到万水千山之遥？写五言七律的就活不过寥寥几行？

抱着天地万物光明剔透的样子，却在心里滋长妖妖娆娆的魂魄魅影。太不可理喻。但即使被骂脑残，也要说：

生死命定。冥冥之中有至高万能的神朱笔划去，命休矣。

如果可以，我想和作家商量一番。我希望在花开的季节死去。像某个伟大的小说家那样，生前就嘱托，在墓地旁种两棵花树，在花开的时候，被落英覆盖坟头。

路过的人都很惊艳，这样的画面--安宁之美！让人对于死亡兴许会释然吧。

疫情铺天盖地压下来的时候。我们躲在家里。屋檐下，像在坏天气看一场纷纷扬扬的雪，置身事外的样子，看起来多么卑劣。

那天晚上，躺在漆黑的床上，列出家里所有的成员：父亲，母亲，丈夫、女儿、儿子和我。

病毒阴戾的魔爪把爸爸拎起来？想到这，我的心开始抽搐。不行！没有爸爸，妈妈会疯。那拎起妈妈？我双颊潮红，心脏加速。爸爸最离不开的就是妈妈。拎起丈夫？眼泪汹涌而来，曾几何时，我在梦里见他弃我而去，哭到沙哑，一种用尽气力却喊不出声的堵。

我放弃！拎起孩子？不！！

我几乎要从床上跳起。那是比要我命更悲痛千万倍的感觉。

喘息着……死生瞬间，人竟是如此无力。

许久才平静。开始设想自己被死神带走。这样想时，要平和许多。

哦！那个作家已经写不下去了？我很好奇，他写了我什么？这一生，我总觉得自己还没有长大！或者更准确的说，是这几年才开始关注自己的成长与变化。我就快活出彩了，作家怎舍得就此放弃？

天知道，也许我真是一篇不错的文章呢，不再试试吗？作家！

我恳求。可作家能听见文字的呐喊吗？

天神能看见他朱笔划去无辜性命那头死死不愿松开的手吗？

"就要被抛弃了呢。但我对这个世界还来不及仔细的爱呢。"年轻的蓝蓝，在她喘息的最后一刹，是这样想的吗？她要拍的风景还在前方等她。疫情公号上文章的更新还在等她……

病毒带走的人，他们的车还停在路旁没人移走。万民苦苦等待神圣之光驱散雾霾……作家是睡着了吗？还是他把结局用长长的省略号隐晦？

能做些什么呢。总要做些什么振作起来吧！我已不想去刻画我所热爱的自然。只想对你笑、对你好，给你无限无限的爱！

2020-05-22（梦里不知身是客）

王晓丹

女儿抗疫在伦敦

上一篇疫情随笔，我写到儿子返回疫情严重的意大利，无意间提到在伦敦的二女儿，朋友们很关切，想知道我女儿在伦敦的情况，好朋友还特别鼓励我为女儿也写一篇。我想，女儿的故事也许没有儿子的视角那样叫人好奇，但如实写出来，或许也可以帮朋友们从一个侧面了解伦敦的抗疫，了解我女儿，一个性格多么活泼，多么喜欢交友和运动的孩子，在这次瘟疫到来的时候失去的自由，对她来说是一次多么巨大的挑战，而每每想及此，做母亲的心里会生出多少心疼！

女儿住在英国已经是第六年，她在美国出生长大，却对英国的牛津大学产生了兴趣，高中毕业后申请并被牛津大学 Kable 学院录取，成为经济系学生。她是一个走到哪里都自带光环的孩子，在校三年，参加牛津大学有名的划船队，成为号令员；又参加足球队，成为队长；还成功竞选当了一届学生会主席。大学没毕业就被伦敦一家金融公司聘用，她跟公司提条件，希望获得一年假期出国旅行，一年之后再开始上班，公司欣然答应，还为她提供了五千英镑的旅行资助。起初我以为她是和朋友一起约伴旅行，结果不是，她说："我要的就是这份一个人在旅途中的经验！"那一年，就她自己，背着一个双肩包，跑遍了亚洲各国，又去了南美洲做义工，行程万里，交友无数。旅行回来，她就开始安心上班了，工作上她也很出色，每次公司晋升都有她的份。她还坚持每天早上跑步去公司上班，周末踢足球，她有一帮在伦敦的朋友和同事，常常聚会，一起度假，登山、滑雪、潜水……生活异常丰富多彩。

然而，所有的美好被一场突如其来的病毒破坏得面目全非，几周前如果你问我女儿在伦敦怎么样，我说不定会掉下泪来，因为那时候新冠病毒从意大利开始蔓延到欧洲各国，英国也成为重灾之地。最令人无法接受的是英国政府的做法，首相亲自在电视里告诉民众，这个病毒目前为止我们完全没有有效的应对方法，我们将看着全国有大批人口感染，还会有许许多多家庭失去亲人，直到活下来的人都获得"群体免疫"。这实在太残忍了！人们解读政府的意思是："我们将不采取任何措施，你们自生自灭，好自为之！"此时此刻，如果你的女儿孤身一人住在伦敦，想到她必须独自面对这样的生死考验，想到她心里可能产生的惊恐和无助，你一定会理解我当时的忧心如焚。

但女儿似乎没有我所担心的惊惧。我劝她回美国家中来，她说她必须工作。我说现在命都不保，还谈什么工作？她说没那么可怕，她年轻身体好，即使感染了病毒也不会丢命。我说你是不是也相信了政府的"群体免疫"？他们是在为自己的不作为找借口，为什么英国人不反抗？这时候女儿说了一句意味深长的话："政府说的是真话，英国人不能接受谎言，却能接受最悲惨的真相。"

这句话让我思索良久，也开始对英国政府提出的"群体免疫"做了更详细地了解，我发现这个措施并不是哪位领导人一拍脑袋而做出的决定，而是建立在英国首席科学顾问帕特里克.瓦兰斯爵士的科学研究基础上，他认为根据目前这个新冠病毒的威力，会出现巨大的人口感染数量，英国总体的医疗资源根本做不到"应收尽收"地治疗，如果所有患者都到医院治疗，必定会出现医疗物资挤兑，从而发生该治疗的人得不到治疗的次生灾害，那样的局面将会更糟。大数据模型中产生的"群体免疫"理论可以帮助大量减缓这种情况发生，它使轻症患者呆在家中，靠自己的免疫力自行痊愈，由此而缓解疫情向峰值攀顶的坡度，并使人群中的免疫力得到增强。尽管英国政府的这种做法遭致了世卫组织及其它一些国家的批评，但奇怪的是民调显示，英国老百姓支持政府的是大多数。女儿告诉我，英国的电视频道每天都有政府的最新报告，他们把所有的真实情况都向老百姓摊牌。实际上，英国政府也并没有完全不作为，他们还是采取了一系列措施限制人群聚集，尤其对老年人和其他易感人群做了有效的防护，他们做得最好的一点是，不向公众隐瞒实情。

在某些国家一片骂英国政府"草菅人命"的同时，英国人民却对政府表现出了理性的宽容和体谅，"不接受谎言，却能接受最悲惨的真相"，这是一个思想成熟且内心强大的民族才能做到的！这让我想起法国一位研究社会心理学的思想家勒庞说的话，他说："群众不习惯寻求真理，谁向他们提供幻觉，他们就让谁成为他们的主人，谁摧毁他们的幻觉，他们就要谁的命。"这个说法显然不适合英国的"群众"，了解勒庞说这话的背景你就知道他的所指，他是一个反社会主义者。而英国政府的做法，在一群不喜欢真相，只喜欢幻觉的民众中，是万万行不通的。

女儿不肯回来，我也只好作罢，就在视频中互通消息，了解她的情况。她的公司办公楼已经关闭，雇员都在家里办公；她的球队也已停止训练，不知什么时候才能恢复；她的朋友们都各自呆在自己的寓所，只有通过网路联系；就连她的室友也都回到父母家中，现在她真的是形单影只，孤身一人！有一次问她感觉怎样，她说了一句："好无聊！"我心里深深为她难过，对于充满活力的她来说，生活中很少有这样的无聊时刻，这次真的难为她了！我也没有其它办法，只能为她祈祷，求慈爱全能的上帝帮助她度过这段难熬的时光。

与此同时，我也不断关注英国的情况。像欧洲其他国家一样，英国的病毒在继续蔓延，情况依然十分严重，到目前（4月9日）为止，确诊病例是 65,077，死亡病例已达 7,978，全国几乎停摆，大街小巷空无一人，英国正在遭遇二战以来最严重的危机，似乎每一天都比前一天更加黑暗。人们通常认为，在这样的至暗时刻，一定会出现社会诟病百生，民众情绪失控，在政府不制约的情况下甚至发生打砸抢和暴乱，但这一切都没有在英国发生，政府没有实行军管，街上也没有戴红袖箍的城管，警察对人们的必要活动也完全不管，但人们自觉按照政府规定去做，一切都秩序井然。不仅如此，危难中，一种利他主义行为在全国蔓延，这些行为既有政府的主导，也有自发的善举，从政府到民间，人们为抗疫奉献了最大的热情、能力和智慧，为这个国家点燃了希望之火。

在此列举几项，也只是挂一漏万：

为解燃眉之急，国家以军队来强力助阵，用了 9 天时间将伦敦 Excel 会展中心改建为世界上最大的临时医院，它被取名"南丁格尔"，这是一位 1853 年伦敦慈善医院护士长的名字，在克里米亚战争中，她以她的一己之力，极力向英国军方争取，在战地开设医院，为士兵提供最及时的医疗护理，她被称为"提灯的天使"，南丁格尔，她让地位卑微的护士成为崇高精神的象征。与某些虚张声势的名称比较起来，我个人更喜欢"南丁格尔"这样的名字，虽然平实甚至柔弱，却充满神性的光辉和人性的温暖。

政府加强医用物资采购和供应，多家大牌企业转产抗疫，服装大牌 Burberry 生产口罩、病患服；吸尘器大牌戴森、汽车大牌劳斯莱斯等生产呼吸机。同时，政府赠送的食品包裹也已经开始派发给缺乏亲友协助的老年人等易感人士。

全国约 2 万名退休医务人员已响应召唤重返岗位，2.4 万名应届毕业生和见习护士提前加入 NHS（英国国家医疗服务体系）。政府计划招募 25 万名志愿者，为全国范围内居家隔离的年老体弱人士服务，结果报名的人数多达 75 万，若不是暂停招募，人数还会不断飙升。NHS 英格兰医疗主管斯蒂芬.博维斯表示，已经出现了"利他主义的爆发"，退休人员和公众的响应令他喜出望外。

这些日子，NHS 医护人员表现出了前所未有的勇敢和奉献精神，他们在许多的艰难困苦中与病毒抗争，挽救人的生命，受到全英国人的爱戴和支持。人们也尽力伸出援手，给予他们最及时的帮助，他们的员工可以享受免费停车、免费坐出租车上下班，他们的子女在全国学校停课的情况下，仍可以到校上学。全国各地到处是致敬医护人员的标语，人们为他们不止一次举行全国性的鼓掌活动，在事先约定的同一时间，所有人在不同的地方为他们鼓掌，掌声响彻云霄。除了掌声，还有蓝光，那蓝光是 NHS 的象征，它在温莎城堡、伦敦碎片大厦、朴茨茅斯港口、剑桥大学国王学院等著名地标四处闪烁，表达人们心中最温暖的致谢和爱意。就连小朋友们也来参加，他们画出一道道彩虹，向 NHS 表达最纯真美好的感谢。

英国王室也在这个危难时刻发挥了巨大的凝聚人心的作用。93 岁高龄的女王伊丽莎白二世在电视机前对全国发表讲话，这是她执政 68 年来第五次发表全国演讲，女王惜话如金，却字字温暖人心，她的演讲传递着信心和爱，给人带来勇气和希望。我们常把伊丽莎白女王二世称为"英国女王"，其实并不准确，她不仅是英国女王，还是其他十五个英联邦国家的现任元首，这些国家有加拿大、澳大利亚、新西兰、南非、巴基斯坦、锡兰等，还有在她即位后获得独立国家地位的牙买加、巴巴多斯、巴哈马、巴布亚新几内亚等等，女王的感召力不仅影响着英国，也影响着全世界。"对于耶稣基督的虔诚信仰，和对父亲勇敢人格的追思，时时提醒并支持她效法先祖维多利亚女王，恪尽职责。"这是维基百科上介绍女王时的两句评论，让我思想一个民族的精神力量实在离不开深厚信仰的代代传承。

近日传来英国首相鲍里斯·约翰逊染病恶化，住进 ICU 的消息。对于他如何染病的过程网上有传闻，说他在确诊前曾骑一辆老旧的单车，去小超市购物，没戴口罩，掏钱买单，还配合民众合影，确诊后也没有去医院治疗，而是在家中自行隔离，直到实在顶不住了才住进医院。虽然英国社会里许多人不喜欢约翰逊，之前骂他的人也不可胜数，然而当得知他重病以后，即便是骂他的人也都公开对他表达关切和同情，人们为他祈祷，希望他早日康复，这已经成为英国全体国民的盼望。然而令人匪夷所思的是，在一条英国首相重病住进 ICU 的消息之下居然有 41.5 万人点赞，评论中百分之八十是赤裸裸的幸灾乐祸，甚至是恶毒的诅咒。我根本不想提这些人是哪国人，他们根本就不配是人。

至暗时刻的英国并没有漆黑一片，女儿也从起初的无聊沮丧中渐渐恢复了生气。她依然在家里上班，依然不能会友，但她每天会去公园开阔地上跑步，开始有时间研究厨艺，我常在视频上看见她做的意大利通心粉、蘑菇奶酪汤，令人垂涎。她还加入了邻居互助网作自愿者，为年长者和易感人群及医护人员的家庭提供协助，她被分配的任务是帮助一位老人定期外出遛狗，老人可以绝对呆在家中避免感染。

昨天跟女儿视频，她兴奋地说："妈，你要不要看我画的画？"

"当然要啊！你好久没画画了。"女儿中学时代就爱画，不少作品得过奖。

她传来一幅画，高山之巅，星空璀璨，那深邃的蓝色传达着坚毅和顽强，这和英国 NHS 的蓝色是同一个系列，与温莎城堡和其它那些著名地标闪现的蓝光有着异曲同工之妙。女王在演讲中说："……这一代英国人一如既往地强大。自律、含蓄的幽默感和爱心仍然是英国人的品格象征。"女儿不算是英国人，但在人类共同的瘟疫面前，她与文明世界的真实和善良站在一边，她的心与勇敢的大不列颠精神同脉博跳动，这令我深感安慰！是的，没有瘟疫可以击败勇气，没有邪恶可以打垮美善，让我们记住女王的话："只要我们保持团结一心，我们一定能战胜这一疾病……尽管还要再忍受一段时间，但美好的日子将会重返！"

哦，让我们坚信，美好的日子终将回返！

(写于 2020 年 4 月 10 日)

谢 炯

疫情纽约

2020 年 3 月 15 日 星期天

说不担心是假的。

已经两个月了，从春节前武汉突然宣布封城开始，半夜三更经常起来到微信，twitter，telegram，line，文学城等各大社交平台和网络信息中心浏览收罗有关冠状病毒的消息。尼尔见我非常烦，说他无法与我对话，病毒是我唯一的话题。诗也写的少了，小说也未能继续，书更是读不进去，一本《Moby-Dick》读读放放，至今才读到出航的第一天。情绪被毒化，仿佛一心在等流行病结束才能写作一样。然而，期望消失的病毒却在一天天逼近我的生活。

今晚的月亮特别亮，冰刀般的光令我想起暗夜里潜行在人间的病毒。

人在死亡的阴影下是不适合看月亮的。它挂在那里，不是为了给我们生命的能量，而是提醒我们，我们其实生存在一个广袤冷漠的宇宙之中，凭什么我们多情？谁又在乎我们的死活？

3 月 13 日星期四那天，欧洲全面爆发，意大利封国，全球确诊超过 5 万，全美确诊超过 2000 后，白宫宣布中断欧洲航运，全国进入紧急状态。股市账号我早就不看了，看了又怎么样？突然发现自己一生辛苦工作得来的积蓄减少了三分之一，我唯一的安慰是："也许"这是"临时的"。

其实，我已经未雨绸缪了，两个月来，为了减轻办公室搬运负担，已经将六年来几千份档案转化为电子文档储存入云端。全国紧急令宣告的前一天，3 月 12 日，也宣布解散员工，改为上网作业；一星期前，更是鬼差神使地在亚马逊上网购了 100 只外科口罩，100只一次性手套。一星期前，一切还是买得到的。下单后没想到第三天就收到了，两大盒。我还在家对面的药房用 50%的折扣价买了 4大瓶消毒喷雾剂。这些东西花了我将近$200。刚买回家时有点后悔，体积巨大不算，实在有点贵。我分了一半给 84 岁的老母亲。她每天还在继续去老人活动中心。劝阻她不去很难，一个人在家太寂寞。活到一定年龄后，对生死不仅自然淡漠，而且胆子也大起来了。周末去住家附近的大华超市买菜，戴口罩全副武装的都是中国来的年轻人，老年人反而没有那么恐惧。在我看来，任何生长于平安盛世的人都很容易大惊小怪。

要来的还是来了。

3 月 14 日店里就开始抢购东西，视频上，到处可见郊区的美国人在 Costco 抢购物品。在拥挤的商场里抢购不是更加直接暴露在人传人的冠状病毒中吗？又不是洪水滔天或火山地震，为什么抢购普通生活用品？世界已经发疯。也许人们更加恐惧政府下一步的政策对他们日常生活的影响，也许充裕的物品堆在地下室才使人们稍加安心。好莱坞每几年上演一部世界末日电影，也许美国人潜移默化，在危机时本能地按照电影的套路走。对面药房里的厕纸已经卖光，偏偏家里只有一卷了，我不得不跑到远一点的药房里去买。想想，多买了两瓶退烧药。

我真的能拒绝与这疯狂的世界共舞吗？

果然，人们对政府的解读是正确的，3 月 14 日星期五，Hoboken市长命令一切餐馆酒吧停止堂吃，10 点之后宵禁。推特上一片赞声。Hoboken2 例确诊。3 月 15 日星期六，纽约市长跟进，餐馆酒吧停止堂吃，理发美容按摩院停业。纽约市确诊超过 400 例。泽西市会跟进吗？越来越多的关闭禁令，仿佛大大小小的政府在比赛谁做的最绝最狠。《纽约时报》大骂川普错失了禁航中国得到的两个月时间。到现在为止，检测人数还是少的可怜。我有点怀疑科学家的结论，难道真有得了病毒毫无感觉的人？整个事件中，最令人担忧的报道是，中毒的人毫无反应，也无症状，他们到处走来走去，传给更多的人。其实，人体对任何外物的入侵都是敏感的，哪有发了烧喉咙痛的人毫无感觉？在我看来，测或不测人自己多少有点清楚，只不过在不知道冠状病毒是世界性的流传病之前，很多得病的人满不在乎出门。现在，他们也许会自我隔离几天。

上网整理了一些手头的工作，重新回床睡了一小时。

天气晴朗，阳光明媚。尼尔到河对岸的 Whole Foods 买菜，回来后不断咳嗽。家里有体温计，但我从来没用过，拿出来，在 Youtube 上看了一个带广告的 2 分钟视频，先自己测了一下，95 华氏度。尼尔说，怎么可能？体温这么低。我又上网查询人体正常的体温范围，拿住体温计在身体的各个地方测，终于提高到 97 度。

我出门跑了 3 英里。河边上不少散步遛狗的人和玩耍的小孩，我没戴口罩，看见在手机上大声说话的人还是心生恐惧的，需要绕道离的远远的。疫情对爱和陌生人说话的尼尔影响特别大。我心想，比较他，我几乎是免疫的，反正我平时就懒得与人说话。跑过熟悉的河边野滩，Colgate 的大盘钟，跑过停泊着几百条帆船的港湾，世界在阳光下发出早春微妙的花香，仿佛什么都没有发生过。

我听着自己的呼吸和耳机中的 U2——每朵撞岸破碎的浪花告诉下一朵还将有更多的破碎，每个赌徒都知道输得精光才是我们开赌的原因——是的，其实什么也没有发生过！没有我们，地球依然静好。

打电话给母亲，让她出来在阳光下走一走。

2020 年 3 月 19 日 星期四

微风细雨，一夜间，梨花白了山丘，樱花落满山冢。

数字： 纽约 3615 确诊，死亡 11 人。新泽西一家意大利裔人家，7 口感染，3 人死亡。现代社会是个数字的社会，被跳动的数字驱动，因跳动的数字昏厥，数字代替了我们的心跳，数字是我们每天为之奋斗的目标。

出门，跑 3 英里。健身房关门后，外面跑步的人比平时多，有些遛狗的，有些带小孩出门的，互相打招呼聊天，人们已经不再像昨天那么肃穆，能肃穆消沉多久呢？毕竟这是纽约，毕竟这里的人来自五湖四海，毕竟这里的人什么都经历过。

听崔健：

我的泪水已不再是哭泣

我的微笑已不再是演戏

你的自由是属于天和地

你的勇气是属于你自己

不知道还能出门几天。但是只要能出门，我还是会出门去上班。

几乎所有有关冠状病毒的数据都来自中国，其中最可怕的一条是 19%的带菌者毫无症状。"毫无"两字非常可疑，敢情这些人的肺是铁打的？只能说测试方式和仪器存在不小的偏差。或者在恐惧之下宁可错判千万，不愿漏过一个，导致很多没病的成为无症状带菌者；或者在匆忙之间根本忽略了那么不太看得清的症状。但数字当头棒喝，一切都没得商量。想想，多么可怕啊，这么多走在我们周围的人，带菌，充满毒素。记得我小时候，父母亲每天关照，不要将家里的事情讲出去，外面的人是不可相信的，他们都是大灰狼，随时可能将你吃掉。人，而不是他物，在一个没有互信的社会，一直都是我们恐惧的源头。

关起门，处理了一些文件。听贝多芬。给美国作家保罗·奥斯特打了通电话，本来今天他在法国文学俱乐部有个演讲，约好在演讲后聚餐，现在当然是取消了。他说他和夫人都感冒了，不过应该不是冠状病毒，两本计划出版的书都搁置了。我们说起封城，他让我去查 1918 年的西班牙大流感，流行了整整三年，从 1918 年 1 月到 1920 年 12 月，全世界感染 2 亿人。 他说当时第一波发生在 1918 年春季，基本上只是普通的流行性感冒，症状是头痛，发烧，肌肉酸痛和食欲不振；第二波发生在 1918 年秋季，流传全世界，除了高烧头痛，还出现脸色发青和咳血，很多人得肺炎死亡，人数远远超过第一波；第三波发生在 1919 年冬季至 1920 年春季，又死了很多人。最后统计死了 5000 万到 9000 万人。1920 年春天，病毒神秘失踪，至今都不知道其真正来源。他很悲观，认为我们不会那么轻易摆脱冠状病毒。我说所有事情既有开始，也有总结。他说，是啊。我们都知道，不过过程中会死很多人。

清洁工 Juana 来敲门，他住在布鲁克林。我问他地铁情况怎么样，他说地铁上还是蛮多人的，他说坐地铁时他会戴口罩。他的工作性质，一天不来就失业，可见，说得很轻巧，其实大部分工作是无法远程操作的。我们除了祈求上帝，自保，还能做什么？

我戴上口罩坐电梯下楼。楼下药房一直开着，不过营业员少了一半，原来敞开的货架，现在锁起来了，也许是怕人偷。 我转了一圈，买了瓶面油，走出药房，摘下口罩。我发现口罩有放大气味的作用，口罩使我闻到不戴时闻不到的街旁的垃圾臭味，路口滞水的腐烂气味和空气中飘扬的消毒水的味道。这一切，本来我是闻不到的。

现在，我发现自己闻到了人间腥臭的气味。

哪怕我不信神，我也必须开始祈祷。

2020 年 3 月 26 日 星期四

　　阳光漫过窗台，缓缓地涌上你年轻光滑的额头，你睁开眼，崭新的一天。莫扎特写《钢琴协奏曲第 21 号》时 29 岁，正当年华，心里一定充满了生的喜悦。他大概没想到六年之后便丧身病魔，35 岁离开人世。李文亮吻别怀孕的爱妻，去医院上班时，也一样怀着生的喜悦，绝不会想到自己会染病身亡，32 岁太短，太匆忙。我听着耳机，独自走在自由女神州立公园的小道上，风和日丽，遛狗的，跑步的，滑旱冰的，牵着小孩的，不看日历，还以为已经到了周末。

　　我已经不想再提到冠状病毒了，消息一天坏过一天。中午，数据出来了，美国沦为冠状病毒之都，纽约的确诊人数占据美国总数的一半以上，新泽西一天新增近 3 千。几天来，美国加强了测试机制，每天测试 10 万人，到今天为止，确诊人数超过 8 万，看来，这病毒是打定主意在人群中扎根了。很多人会离开我们，而生命会继续。

　　道旁，水仙花正张着娇黄的嘴唇，歌唱生命吗？如果我们谁都躲不开死亡，为什么还要歌唱生命？F 大调，三部曲式，2/2 拍。柔和的弦乐中第一小提琴开始述说一个人间的故事；第二小提琴和中提琴仿佛可人的闺蜜，三连音，窃窃私语；大提琴咚咚的琶音，如送来的信笺。钢琴，在 F 大调上展现变化多端的心绪，到 C 大调，降 A 大调，f 小调，最后，又回到 F 大调，回到阳光明媚的初始。

　　我无法继续这日记了。也许，明天轮到我离开；也许，我会活很久。借着这个壳在人间走一遭，我仍然感到幸福，有死才有生，死亡定义了我们，迫使我们在有限的生命中开出最美丽的花朵。

2020 年 4 月 3 日 星期五

　　确诊数在上升，死亡人数也在上升，纽约市的重灾区在移民的大本营皇后区，皇后区占了高达 34%的纽约市的案子，而其中疫情最严重的地段，有独无偶，偏巧叫做 Corona（本名来源于西班牙语），仿佛 Coronavirus 和 Corona 有缘似的。

　　坐 7 号地铁到皇后区的话，路过四个站：第一站，74 街 Jackson Heights 杰克逊高地；第二站，90 街 Elmhurst 艾姆赫斯特；第三站，103 街 Corona 可乐娜；第四站，Flushing 法拉盛。1989 年到 1999 年，来美的前十年，我在皇后区的不同社区，搬过六次家，租过半地下室、阁楼、公寓、独栋洋房等各种形式的房子，其中四个社区在 7 号车沿线。

　　7 号车出了曼哈顿后，不再行驶地下，而是高高地架在罗斯福大道上，轰轰作响地穿行在蓝天白云和一长排二战前用红砖造的公寓大楼间。

　　地铁和住家的窗户挨得很近，从地铁中，可以看到公寓里的人在桌前吃盒饭，用拍子打苍蝇或骂小孩。我经常好奇，谁住在离地铁那么近的地方？肯定是房租特别便宜。各国移民，特别是新移民，住不起曼哈顿昂贵的摩天大楼，大多选择皇后区蛰居。这里的人真是形形色色啊，讲 200 多种语言，来自 200 多个国家。

　　站在 7 号车中往罗斯福大道上看，南美人的炸鸡店，印度人的布店，韩国人的杂货店，中国人占满半个街面的超市，还有算命的，按摩的，卖中药的，卖餐具和五金的，卖水烟枪的，街角扔硬币洗衣服的洗衣店。过几条街就有一个手机店，和一个 99 分店，门口的塑料桶里插满大朵的绢花，店里出售纽扣、猪皮卷、香蕉干、矿泉水、玩具和行李箱。但是，不要以为这里是熔炉，移民区域界限分明，特别是人数众多的族裔。每个族裔形成一个完整的社区，每个社区都有说社区语言的教堂、小儿科医生、律师、会计、翻译社、移民服务社、旅行社、理发店，仿佛一只五脏俱全的麻雀。每只麻雀和另外一只既站在同一根电线杆上，又互不相干，各啄各的食。没有一个南美人会用中国人的移民律师，没有一个韩国人会走进海地人的理发店。只有到曼哈顿，开始讲英文，这些界限才被打破。每个移民打电话回母国，自豪地提到纽约，大部分说的其实是皇后区奇怪的绝缘生活。你可以完全不懂英文，在皇后区住一辈子。这里是移民的家，大多数美国人从来没有踏进皇后区过。

想象一群语言不通，必须坐地铁出门，为生计日夜操劳，没有绿卡和医疗保险的人吧，你就知道社交距离是句空话，不如发每个人一大盒口罩。病毒在人群中迅速蔓延，直到……也许，我们不需要太担心，皇后区住的是真正的移民，而不是娇贵的留学生，很多人命硬，命不硬，漂洋过海的途中恐怕早就命丧九泉了。

从前，有个算命的上海人住在可乐娜，算一次收$100，他爱吃甲鱼，每次他夫人从唐人街提回家活甲鱼时，他就打电话叫我去分享。我曾三番五次引诱他给我算命，可是他死也不肯。难道他怕我命太硬，算不准，被我克死？

我已搬离皇后区二十年了，偶尔回去。

杰克逊高地一个天主教堂的牧师和我是诗友，一年前，请我去他的教堂讲移民法。教堂在 79 街上，来听的都是从危地马拉和洪都拉斯来的移民。我讲的一头雾水，翻译翻的一头雾水，他们听的一头雾水。从教堂出来后，我沿着 34 街走去地铁站，路过 74 街，心跳突然加快。三层楼房，红砖，铁栅栏上爬满牵牛花，小小的庭院种着一棵樱花树，树下是杜鹃和英国黄水仙。最高的阁楼朝南，半开着，白色的绣花窗帘布飘在风中。我站在门前，抬头看了一会儿。三十年前，我曾经在这 10 平方米的阁楼里住过十天。我在纽约的第一个家。没有遗忘，只有被遗忘。

2020 年 4 月 9 日星期四

去皇后区湾边拿招牌，有一阵，狂风暴雨。

招牌做工粗糙，也许关门裁员的原因，从餐馆到超市，很多商品的质量大大降低，不少商店自制出滥竽充数的纸巾和洗手液。疫情到了最高峰，每个人的心理都处于高度紧张状态，思想很难集中到工作上。我将招牌扔进后车箱，没说什么。

路过湾边小公园，坐在车里，对着 Tri-borough 大桥呆望了一会儿。

纽约死亡人数高居不下。英国首相还在重症病房，43.3 万中国人兴高采烈点赞。谭德塞大打种族歧视牌，让美国去数数自己的裹尸袋，看来世卫的经费和谭的地位不保。新泽西州长关园的决定得到大部分人的强烈反对。桑德斯退出民主党初选。《纽约时报》发表文章确认纽约病毒来自欧洲。意大利 2 月爆发后，和欧洲有千丝万缕关系的美国关门断航已经来不及。方方日记海外出版在预售之中，国内骂声此起彼伏。乱世出刁民，疯狂的世界中形形色色疯狂的人。有一点可以肯定，只要人继续发疯，病毒恐怕就没有结束蔓延的理由，而且有可能陪我们走很长一段路。

开车去原来的办公室拿信。自从疫情爆发，房东大概躲到上州山里去了，自始至终不见踪影。家具还在老地方横七竖八放着。城里，除了建筑工地继续开工之外，一切停摆，路上的人更少了，大家自觉躲在家里。

开车去 5 大道 58 街中央公园旁去看 Nina 和 Sunny。Nina 早晨发微信给我，昨晚她收到一批中国运来的医疗物资，可以接济我一些口罩。Nina 是个能干的女人，有很多头衔。身为哥伦比亚大学胡氏中国中心理事，她几星期前就开始为哥大医学院从中国收集大量口罩、手套、防护服装、护目镜、呼吸器、面罩等捐赠物资。中国有很多好心人，特别是我的老家上海，前不久中国得到大量海外华人的捐赠，现在反馈过来，很多人主动将剩余物资捐来美国。

Nina，Sunny 和我戴着口罩，在大厅里坐着说话。Sunny 给戴着口罩的我和 Nina 拍了几张照留念。他们的大楼是 Marriott 经营的豪华酒店式公寓，平素旅客熙熙攘攘，现在空无一人，擦得锃亮的行李车整齐地排在一边。很久没有和人面对面说话了，听到自己喉管里发出声音，感到有点惊讶。人，实在是社会的动物，需要人与人的接触，面对面的交流，需要拥抱和接吻。网络社交再发达，都替代不了人最基本的生理需求。

我们谈时势，谈疫情，谈疫情后的新世界格局，不免唏嘘。如果我的直觉没错的话，疫情后，也许真正不离开中国的是美国。日本，欧洲，俄国，中东等国多半逃之夭夭，而每天对呛的中国和美国，却不见得会真正断联。为什么呢？因为中国人和美国人的本性有太多的相似之处，同样务实，同样勤奋，同样精明，也同样通融。你不可能指望一个欧洲人工作六天不抱怨，也不可能要求一个俄国人放下架子，中东人更是以不通融著称。全世界，有廉价劳动力的地方多的是，美国周边的墨西哥就是例子，但只有中国成了世界工厂，这里，民族的协和度起了关键的作用。国与国之间，无外乎人与人之间，最终，得看是否合得来。合不来的人，话不投机半句多，更不要说谈生意；而合得来的，不会没摩擦，但终究没有根本性冲突时，依然会凑到一起。

我们约好两星期后再见面。

徐 佳

超出常理的世界

2020 年 3 月 28 日纽约 天气雨

"Stay safe and healthy！"这是这些日子我最常用的问候语。在每个电子邮件的最后，在朋友 Facebook 的帖子下面，用最认真的心写下这个问候，并且在心里默念一遍。真心希望我认识的每一个人平安，在这场疫情之后，我们继续开心的聚会、聊天，或者还是那个知道彼此存在，但不会联络的人。

随着确诊人数的不断上升，纽约越来越像 1 月的武汉了。医院的急诊室和重症室都被病人挤满，医护人员超负荷运作。而医疗资源缺乏的状况也日益严重。口罩防护服需要重复使用，而捐赠的物品到不了第一线医护人员的手中，逼得他们不得不转向媒体和社交网络，向大众直接寻求帮助。

因为担心纽约人把病毒带到全国各地，总统川普今天表示要将纽约及相邻的新泽西州和康州一起隔离，被纽约州长一口拒绝，认为这将严重影响纽约的经济。而在接受 CNN 采访的各方人士也认为，如果全国没有一个统一的执行标准，光隔离三州并不会起到很大的作用。最后川普表示在听取各方意见之后，不再对三州进行隔离，只是建议三州民众没事别出门了。这建议也是废话一句，会遵守的早在家呆着了。要浪的人他也拦不住。

倒是隔壁的罗德岛颇有当初河南作风，在和康州的交界处设关卡，盘查纽约出来的人。还派警察挨家挨户查有没有从纽约来的人，强制 14 天的隔离。不过纽约州长认为，此种做法已经违宪，要告罗德岛政府。

自由世界的种种规章法则，让中国这个作业美国几乎没有抄的可能。除了强制隔离会面临种种法律问题外，在医疗行业至高无上的病人隐私权也使得公众对于自己周围的疫情毫无所知，只能自求多福。

　　好在昨天纽约市政府公布的一个各区确诊率的分布图让华人稍微可以宽心。几个华人聚集的地方都确诊率较低，说明华人的预防措施还是有效的。套用一个朋友的话，华人占了纽约 5%的人口，这场疫情最坏的结果是 80%的人感染，我们就尽量争取都在那 20%里。

　　正在写这篇文章的时候，看到世界日报证实不少华人超市要关门的消息。今天一天在朋友圈里传了一天的消息终于从消息到谣言到证实了。我原来一直以为以华人拼命赚钱的精神，一定会坚持营业到最后。想不到因为送货司机和收银员拒绝上班，竟然最早关门。话说回来，这本来也不是一个能以常理判断的世界了。

2020 年 4 月 3 日 纽约 天气阴

　　今天发生了什么？纽约市新增了超过 6500 新病例；川普终于开始建议戴点东西遮一遮脸，但不要占用医用口罩，把它们留给更需要的医护人员；然后一天之内就听到了几个直接或间接认识的人的死讯，其中包括一个早期当记者时认识的社区人士，还有市主计长的母亲。

　　医护人员越来越不够用。一位在医院行政部门工作的朋友被询问是否能到新增加的病房区帮忙。另一位在公立医院外围系统工作的朋友也收到了人事部门的传召。今天下午，市政府发出了紧急短信，寻求有资质的医护人员的帮助。

　　刚刚开放的贾维茨展览中心方舱医院经过州长和总统的协商，

终于开始接纳新冠病人。千里迢迢开来，被寄予了厚望的医疗船因为部队的层层规定，加上只接待非新冠病人，一天只接受了 20 多病人，对纽约市根本帮不上什么忙。1200 名医护人员无所事事，而因为它的到来而导致的人群聚集却有可能造成集体感染，令已经焦头烂额，指望医疗船可以分担一二的纽约医疗系统人士愤怒不已。不过医疗船原本为受伤军人所设，空间狭小，要想承担接受新冠病人的重任也不容易。

针对失业人数越来越多，不少餐馆超市关门，吃饭不易的问题，纽约市从今天开始把原本只提供给孩子的免费餐改为所有人都可以领取。据说味道还不错。以前觉得政府滥发福利，浪费纳税人的钱，但以眼下的情况而言，这却是让所有人不至于挨饿的一个好办法。

今天唯一的开心事是网上订了一个多星期的货终于准备运出来了。虽然拿到手还需要时间，但总算货是发出来了，而且我最想要的东西还没被砍单。

这场疫情不仅暴露了美国在医疗方面的问题，也暴露了美国在网络购物以及物流方面的落后。总共就几家可以在网上订购的生鲜网站，送货日前早就排到了一个多星期之后。要是等到吃完再订，估计就得饿肚子了。而华人超市因为平时的好生意，根本就不屑于花钱做网购，现在只能靠微信群手动收单。

在疫情时候，什么东西也没有满满的冰箱以及种类齐全的防护用品能给人安全感了。其他的都是浮云。

COVID-19（严力作品）

漾莹

暴风雨实已酝酿已久

今日有暴风雨

春天的雨，生命的水。润物无声似有声，你细细听，可以听见草木暗暗生长的韧劲。那些冬天消失的五彩斑斓，都被根部向上的勃发之力托起，于是，春天的街道也趁势热闹起来。

我的后院里有三棵紧挨着的樱花树，一棵日本早樱，颜色稍浅，另两棵是八重樱，粉色更浓妆艳抹一些。我偏爱这棵早樱，一是浅淡素然，二是花期更短。物以稀为贵，持续时间更短的视觉盛宴便更令人疼惜。

往年开花的时候都赶上春假，今年疫情之下，春假取消，没有了错过花期的担忧，却更徒增一层悲戚。落花无情，流水无意，随风化泥的花瓣，不免让人联想了那些无法再见到明天的一个个生命。樱树本已花期短暂，倘若不幸遇上恶劣的天气，那些粉雾浓云就如狠心的心上人一样，衣袖一挥，只留绿痕嫩叶，留你暗自咂摸曾经拥有过的短暂呢喃香软。

偏偏天公不作美。昨日预报今天有暴风雨，这个消息让半夜才会聚集的乌云提前密布在我额前。两周前家里暖气突然不工作，几经周折，和工程师远程咨询后，以必须全套更换的结论将我们心情带到谷底。正在疫情最严重的档口，是否让工人进来维修，如何采取比较妥帖的防疫措施并同时考虑工人的心理感受，处处让人为难。只是每日冰水劳作，已被消毒液伤了几许的双手连连抗议，孩子们也在气温骤降时萎缩成一团，连日早晨 59 度的温度，实难预计的疫情结束日期，让我下定决心进行维修。日子还是要过，只能在尽量保证安全的前提下维持生活的正常运行。

利用周末，把车库全部整理一遍，需要拿进屋内的食品和日用品都转移到屋内，趁机也粉刷了墙壁，到了夜晚，在车库说话时居然有了回声。今早起来，把给工人准备的口罩、手套、消毒液、纸巾、鞋套等全部放在一个小纸箱里，希望他们能够做最好的防备。疾风骤雨下，迟迟不见车影，工人未按时到来。心里愈发忐忑起来，时而站在窗前，时而拉拉门探一探身看看，直到10点多看见远远来了一辆工程车，马上兴奋起来，近了才知是网线公司的维修车，原来是邻居叫了网络公司的人员维修家里的网线。

工人没有进屋，邻居主人举着手机屏幕隔着玻璃门让工程师看，交流以隔离的方式进行，困难陡增。远远看去，如各自在打哑语哑谜一般。突然想起有人说过，上帝早已对人类失望，所以一直在对人类进行更多的考验，如此世界上才会有那么多语言语种，让人类无法尽情尽兴同心同德地畅快交流。在工人来之前，我们也是不断传送故障图片，写电邮，打电话交流。人心隔肚皮，现在是还隔着口罩之下的脸皮，和一层虚无缥缈的数字信号了。这种层层累加的考验，不知是不是上帝的期许。

美国的基础电线电路早已老化，一天的暴风骤雨把不少电线打断，镇上有几百户人家停电。昨晚州长提醒大家今天有极端天气，考虑到多数人家都会囤积一些食品，新闻里便列出各种详尽应急措施，包括根据停电后各类食品在冰箱里的储存时限来分类储存食物。天空整日像一口漏雨的大锅，黑黢黢盖下来。屋外是看不见的病毒随风狂舞，凌乱不堪的电线也趁势兴风作浪，屋内是一家老小秉烛做事，难上加难。

到了下午，陡然发现邻居门前的一棵说不清名字的树从中间生生折断。茂密的树冠垂死在路旁，只留碗口大小的锯齿状根部无语问苍天。往年每到初夏，这棵树会开一树碎小娇俏的白花，玲珑惹人怜爱，小女儿还曾和邻居的孩子一起爬上爬下，童声稚语不断。没想到，一场无来由的风，扯断了人与树的牵连，从此生命里再不会有她的影子。我们站在门口，看了很久，有惋惜，有愕然，更多的是说不出的伤心。暴雨过后，樱树的新叶基本全部抽出，残花落地，一条粉色的樱花路通向另一条新生。

今日有暴风雨。暴风雨实已酝酿已久。这场摸不见看不着的病毒暴风雨翻出了土壤下埋藏多年的偏见、冲动、诡谲，也翻出了无处不在的无私、良善和胆识。人类的文明究竟以何种方式继续存在于这个星球，时间的齿轮如何按照预设运转或是偏离轨道，世界还会呈现给我们什么意外，或者在智者的预料之中，我们拭目以待。

2020 年 4 月 13 日记于康州

浅聊两极问题

法国著名哲学家安德烈.孔特.斯蓬维尔在上周连续两天分别接受瑞士法语区《时代日报》和比利时《回声报》记者的采访。他在访谈中提到自己不赞成为了老人而牺牲年轻人利益，为了健康而牺牲自由，对人与死亡的关系进行了拷问。

粗略一看，很容易联想到美国各州如火如荼的反对居家隔离的大游行现状。医护人员不仅要救人于性命之危，还要充当警察的角色站在十字路口街头，对游行人员的谩骂愤怒置若罔闻，双手交叉胸前，沉默堵住游行队伍。意志坚定的卫士一般。美国各州的复工大计已提上日程，乔治亚州于今日开启一些非必要企业，尽管老川都批评他们说复工太早。各州重新开放的想法蠢蠢欲动，势不可挡，我们镇上的公园也会于 5 月 4 日，在遵循一定社交隔离的原则下部分开放。根据华盛顿大学的研究中心健康度量与评估研究所（IHME）的模型预测，看官都可以找到所在各州的复工时间。

周三云课堂上，王渝老师讲到作家逆向思维和独立人格的问题，令人深思。我想这种精神也应该拓展到文学范围外，在平常生活中自省吾身，不人云亦云，亦步亦趋；不视任何问题都为两极问题，非此即彼，非黑即白，弄个鱼死网破。

这次疫情，各个国家所采取的防范和治疗措施与各国经济现状、国民性及人性意识有相当程度的关联，很难一刀评判孰对孰错。文化不同，国情不同，信息资源的共享程度等，都决定了每个人的思考出发点和做事原则千差万别。但至少有一点，就是不能蘸着人血馒头边吃边在大门口洋洋自得、指桑骂槐、或者干脆说急了就地打滚干嚎撒泼，那就与泼妇骂街没什么两样。疫情使"医疗卫生正确"，和"政治正确"成为方向标和指路牌，也成为压倒一切不可辩驳的"真理"，甚至是验金石。符合，则正确；不符合，则被视为愚蠢，成为无视生命的轻薄之徒。事实上，人无选择生的权力，却有选择如何死，怎样结束生命的权力，这种权力也是人生而为人的一种自由，当然这里面混合着道德观和责任感的深层问题。

返回来看文首提到的哲学家，他并不是置生命于不顾，相反他遵守政府的规定，和绝大多数人一样自控，防止疫情爆发挤兑医疗资源的惨剧发生，但与此同时，他把生命提到了哲学的层面来思考，以平静和理性的态度来看待目前的疫情。

他的担忧是，人类把医学的意识形态提升到除管理疾病之外的生活和社会领域，这里面潜藏着巨大风险。人类社会文明发展到现今阶段，人类已经对掌握自己的生命有足够的自信，甚至自负。当人们在现实中直面威胁自我的死亡时，我们的直觉反应是不接受，是抗争，自然也会对抗争过程中发生的各类事件有歌功颂德和同情怜悯。那天女儿一句话，让我想了很久：妈妈，我没有感到害怕，我只是好奇，为什么多数人在平时会漠视一直在战争里挣扎的人们，每天在饥饿中死去的非洲人民，还有移民的悲剧……他们一样都是鲜活的生命，一样是大批死去的生命啊！

我习惯边开车边听电台新闻节目。有一次新闻里提到国内的人脸识别技术。简直能从美国主持人的声音里听出花容失色的样子，她与节目访谈里的专家就这种技术如何保证人的隐私权提出五花八门啼笑皆非的问题。我一边暗笑她的大惊小怪，居然对这种已经在国内运用自如的技术如此陌生，另一方面，也让我对她认为首要应考虑的人权问题，开启另一层面的思考。李银河说，中西方隐私观念的区别，其实是前现代社会、乡土社会和现代社会的区别。而疫情使这个东西更加合法化了，所以才会有"黑夜总会过去，光明总会到来"通不过审核的笑话。对，夜总会嘛。

　　无论专政社会还是民主社会，社会在某个程度上都有专制的一面，舆论也是可以压死人的。比如社会中 99 人都守贞洁，你一个人偏要不贞，那就是伤风败俗大逆不道。但如果 99 人都是娼妓，你一个人偏要守贞洁，你就会被唾弃，会成为抵制和欺压的对象。实际生活中，不是东方压倒西风，就是西风压倒东风的事情虽不会处处发生，但也会碰到。如何在两极问题中保持头脑的中立，冷静思考，逆向思考，有时确实需要大智大勇。

　　在权威面前，你真的能坚持自己的判断力吗？想起一个电击的心理实验。这是 1961 年心理学家 Stanley Milgram 进行的一项实验，很好地解释了法西斯运动中，为什么平时温良高素质的德国民众会成为集中营的刽子手。实验中，被试者需要扮演"教师"，对旁边的"学生"进行教育，向他们提出问题。每当"学生"回答错误的时候，"老师"需要按下按钮，对"学生"进行电击。电击的强度随着次数而增加，答错的问题越多，电击就越强烈。"学生"是研究者们的托儿，他们故意答错问题，并且在"老师"按下电击按钮的时候装出痛苦的样子。实验中，许多"老师"逐渐于心不忍，在几次电击之后提出抗议，认为不应该再继续下去。这时候，就会有强硬的工作人员逼迫他们继续。在工作人员的强迫下，许多"老师"继续电了下去。最后的结果是，有 65% 的"学生"受到了致命的电击，其中最高的电压为 450 伏。（美国家居用电是 110 伏，中国家居用电是 220 伏交流电。）

　　美国著名文艺批评大师乔治.斯坦纳在他的"人文素养"一文中

也提到，"文学与文化价值的流布不仅难以钳制极权正义，相反，有很多例子表明，人文学问和艺术的重镇实际上助长了这种新的恐惧。我们知道，奥斯维辛集中营的设计者和管理者，不少受过教育，阅读过并将继续阅读莎士比亚和歌德。"而且，据记载，他们很多精通古典乐。当然这篇文章中，他主要讲的是文艺批评的功用，没批评，创造本身或许陷入沉默。引用至此，只是想说明人在遇到两极站队问题时，除了社会舆论，权威的力量有多么可怕。

一个理智的思考者，是不会轻易把问题两极化，或者轻易把自己抛入任何对立的阵营中。如果两极问题是两座悬崖，中间的独木桥，即是我们要逆向思维，或跳出思维黑盒子的缓冲内存空间。你在到达任何一边风景后，都更会对另一侧已经看到的风景有一个更加谨慎而理性的判断。人如果能时不时让自己的大脑倒立，血液被地球引力下牵，那么看到的景物视角会让世界完全呈现另一个模样。这时候知识、见识和理性至关重要，我们总会在不断提升自我的同时，越发感到自身的渺小和无知，也就不会急于把任何事情迅速两极化，并作出自己言之凿凿的判断。那样，也会少一些事后再翻供的尴尬吧。

雾里看花，水中望月，这是中国诗情里动人心魄的景致。倘若雾是雾，花是花，那么没有了花香的雾，是白茫茫的诡谲，没有了雾的花，是突兀的明艳，妩媚少了七分。四月细雨度深闺，莺愁欲懒啼。我还是忍不住啼写几句。毕竟，这几个月，明晃晃的晴朗之空少之可怜。

4/23-4/25

一碗人间烟火

今天继续读丰子恺的《缘缘堂随笔》。文中写道，抗战日益严重时，浙江石门湾的百姓都有些自欺欺人，不愿远别故土，直到日本人的飞机大肆轰炸之后，才如梦方醒。《诗经》里说，"天生烝民，有物有则，民之秉彝，好是懿德。"意思就是老天生下这些人，有形体有法则。人的常性与生来，追求善美是其德。无人不爱和平，无人不恨战争，所以会自觉逃避战时的紧迫现状，不愿相信现状，如饮安慰剂一般。大疫如此，无疑比战争还残酷，早已是超过医学界的问题。有时白日里也像行走在梦中，外边风和日丽，夕阳斜照，生灵安于一隅。另一方，一场没有硝烟的战争还在如火如荼地进行着，垂死挣扎有之，阴阳相隔者也不鲜见。我们平头老百姓一家人，日常生活基本也蜷缩在了四方美食的安慰里。

因为隔离，我们更珍惜食材，也因为隔离，我们更加想念难以觅得的美食。人好像害了喜一般，会在某一时刻突然津液翻涌，有一种迫切的一品了之的感觉。

年前的时候，买到了纽约法拉盛商家运来的冰糖葫芦。按说明放到冰柜里储藏，晚饭后拿出来做甜点吃。我们总要握着葫芦串儿对着灯各种角度照照，澄明亮洁的红色凝固糖浆把我们的目光也粘住了。为了节约这稀罕物，数数串儿上的红果，每人吃两颗，轮流吃。酸爽的红果带着冰冻的温度，与牙齿磕碰出胡同儿的味道，一边儿再放上《冰糖葫芦》歌，都说冰糖葫芦儿酸，酸里面它裹着甜……此为一想念。

再一想念，就是韭菜盒子。如今面粉不是问题，韭菜难得见了。绿油油的妩媚腰身配上黄灿灿的鸡蛋碎，再加上烫过的绿豆粉丝和些许虾皮。妥妥混合好，三下五除二将之捏进擀好的面皮里，文火慢煎，呲呲啦啦，满屋子香气。等不及热乎乎地就咬上一口，蒸汽从小豁口蹿出，舌头乱窜，顿觉幸福不过如此。还想念油炸丸子，米粉肉，羊肉泡沫，新疆拉条子，红烧带鱼……很多都是从小就爱的，不是什么奇珍异食，只是食材难找颇费些功夫。

食物是精神元气的源头，也是失去部分行动自由后，通往另一种自由的路径。

锅碗瓢盆，葱姜蒜辣椒，你可以掌管你的一隅天下，你可以就食材储备食客需求审时度势将帅三军，挥铲开火。你要统筹要规划要品量选择器具，还要摆盘装一下懂视觉艺术。这里面的乐趣和学问说不完也学不完。"用心"二字就把人间烟火，爱恨情仇都融入了里面。什么样的心情就做出什么样的饭食，细细品味，总能品出一些情绪出来。

　　隔离之后，周末哪里也去不了，一家人总会围坐桌前包一次饺子。猪肉白菜馅儿是经典，和面擀皮间时光流转。手不停做，嘴不停说，吃的时候配上陈醋和辣椒，上瘾了一样停不下来，再吃最后一个，就一个了。闲话间，又揪了一个在碗底沾沾，送进嘴里。第二天，剩下的饺子煎了吃，焦脆的皮味道更好。吃饺子是目的，但包饺子的过程让家人没有闲坐，尤灯火可亲。

　　慢生活里玩味一些美食，觉得人的品性和美食似乎也有些许对应关系。一直钟情白菜豆腐汤，为此写过一篇文字，大概还是爱它如做人的清清白白简单质朴。有的人如一碗白粥，平日里了无生趣，如遇上感冒胃痛，他却是最妥帖安心的。熬的好的白粥，软糯绵香，无多少滋味却让人周身温暖。有的人如麻辣香锅，未见其人，便闻其声，远远就一股子刺鼻的泼辣味儿。是主角，人人愿沾惹，筵席散场后，只留浓油残炙，不忍目睹。现在大家都猫着，饭馆关掉倒掉一大批，前几日，朋友转来缅因州大龙虾的促销广告，只要7块1磅，8只10磅两天就能空运到家。朋友果断支持地方经济，得到后分我4只，看着煮熟后红彤彤的龙虾，突然有一种莫名的罪恶感。有的人生前粗鄙无人识，死后变戏法儿似的浑身红通荣耀成为人们的品哑上品。现在每日晚饭后都有女儿做的甜点收尾，各种高糖奶油拉花搔首弄姿让人无法抗拒，你明知吃多了长脂肪对身体不好，但抗拒不了。想起很多人日思夜想的臭豆腐，汪曾祺老人家写过一篇街头巷尾寻它的段子，眼见着到了到了，闻着味儿了，一定是了！近了一看，原来是公共厕所。有的人嘴欠炮筒子臭脾气说话不着人爱听，可心是好的，处久了，几日不见会很想，可再见面还是让你气个半死。散了后把话翻来覆去倒腾几遍，其间道理香气扑鼻……

病毒肆虐，经济下滑，政治险恶。在美国的百姓得了政府发的钱，吃了免费的食物，住了免费的五星级宾馆，也会被仇视万恶资本主义的人找出阴暗的背后理由，来治自己的红眼病。丛林法则下，四方美食，不过一碗人间烟火。

安全距离

一天有风，气温有些许下降。琢磨着，风有助于吹散空气中悬浮的飞沫，于是走出家门，去空旷的地方透透气。

路过校区，见一个教练和两个学生隔着 6 英尺的距离在操场上做棒球体能训练。除此之外，别无他人。这是平日午后孩子们撒欢奔跑的课外时间，病毒如橡皮一般擦净了影影绰绰嬉笑欢闹。道路上的限速灯依然闪耀，20 迈最低限速，半天无一辆车经过。

乡下本寂寥，看不见人，自然中的一切都各自逍遥起来。他们无所不知，又漠然视之，他们在静谧中遣词造句，构写自己的春之华章。天更高远，春鸟掠过，叽啾婉转；地亦辽阔，野有蔓草，零露残滞。午后光线随倏然闪过的呦呦鹿鸣，松鼠腾跃，刺目眩晕。恍惚间，我闻到了儿时盛夏午后的炙烤味道，趁着父母午睡偷跑出来的喜悦自由，和此时的隔离期谨慎放风，两相比对，个中滋味不言自明。

草木间惺惺相惜，无安全距离。云与云，天与树秉风详谈，无安全距离。生息不停的花鸟虫兽悠然自得，亦无安全距离。

想起一部科幻片《人类消失后的世界》。片中模拟了人类因某种神秘力量消失后，地球上的人类文明会以何种速度最终完全消失的场景。人类消失后 20 年，大街和农作物将消失，乡村道路会被野生植物覆盖，田野中将杂草丛生。人类建筑快速腐朽，即使是世界最大的拱桥最后也会在 1000 年后倒塌。人类留下的重金属污染数百年后也将逐渐被稀释。即使纽约，这个历经考验，无数人默认生命力极其顽强的城市，人行道路面和地下管道会被树根撕裂，中央公园野兽出没，地下水上涨后市内沟壑横流。几千年后，地球将会变回到史前蛮荒世界。没有了空气污染，城市的墙壁上会布满青苔、爬山虎、毒葛。人类从地球上消失 20 万年后，将很难找到人类曾生活过的证据。46 亿年的地球重新回归一片敞亮的绿色拥抱，无人类喧扰，无病毒威胁，无安全距离。

大疫之下，美国公共安全专家建议人与人保持 6 英尺的安全距离。行至路上，陌生人要错过，必要互相躲避保持距离，如难做到，总有默契下的一方先停下躲到一旁，待对方路过，再继续前行。日常工作，基本全靠电话邮件视频会议解决。唯一可破除距离要求的团体似乎只有家庭单位了。

疫情解除之后，人类的行为方式会以何种方式何种角度发生改变，很难预料。但无可辩驳的是，安全距离永远取决于当事人的性别偏差、认知偏差、道德偏差等。起码一夜情婚外情会有所收敛，虚拟爱情会急速增加。人们决定同住一屋檐下之前是不是要先做免疫抗体测试也难说。曾经街头的"拥抱取暖"行为艺术，也许会成为我们口中过去的故事。

1959 年，美国心理学家哈洛和同事将刚出生的恒河猴单独放到一个小笼子中。笼子里有两个体型跟母猴差不多，用铁丝做成的假猴，一个上面挂着奶瓶；另一个则披着柔软的绒布。结果发现小猴除了吃奶的时候，其他大部分时间都会在披着绒布的假猴身边，当感到害怕时还会紧紧抓住假猴身上的绒布。实验的结论是小猴更喜欢跟绒布假猴接触，哈洛等人认为小猴是把假猴身上柔软的绒布当成了母猴的身体，并由此得出结论，在育婴的过程中，和喂食比起来，孩子更喜欢和母亲在身体上的亲密接触。由假猴养大的小猴因为长期与其他猴隔离，性格胆小孤僻，在成年后无法进行正常的性交配。看来，动物出于本性会对身体接触产生依恋，人除了依恋母体，对于亲人友朋的得体身体接触也有相类似的渴望，不然握手、亲吻、拥抱就不会存在。安全距离的保持和执行，无疑会促进全息投影社交虚拟化的进程，本已缺爱的人们，缺少了必要的身体接触，爱是不是也有了缺口？

也许，我们会这样对我们的后代讲曾经发生过的故事：很久以前，我们人与人之间距离很近，我们亲密无间，我们握手，我们拥抱，我们在一起，有了你们。现在我们要礼貌待人，做一个新社会的文明人，首先要保持安全距离……

今天看到纽约皇后区重灾区医院 Long island Jewish Forest Hill 住院医在 ICU 病区休息室录的视频，她感慨地说，现已关闭了空置的 ICU 病区，住院人数显著减少。她希望在下一个新年，依然可以从休息室的窗口看见纽约燃放的烟花。看完让人长舒了一口气后，又看到有文章说，在疫苗研制出来前，即使我们可以解除隔离，还会遇到下一个疫情高峰的来临，所以也许在 2022 年之前，人们会经历间歇性隔离状态。即使不被隔离，人们还是需要戴口罩保证安全。

最新的研究表明，飞沫传染可以远超过 6 英尺安全距离。明尼苏达大学教授 Dr.Michael Osterholm 如是说："毫无疑问，6 英尺距离可以减少人们潜在会接触的飞沫，但问题是，多少飞沫足以导致人感染？我想这是个"万亿"美元的研究课题。另一方面，尽管佛罗里达州有超过 2.33 万确诊案例，佛罗里达杰克逊维尔市于今日已率先宣布，下午 5 点之后，开放 Duvai 县的海滩。美国各地抗议封城、抗议居家令的声音此起彼伏。甚至有的美国邻居说，政府的小题大作行为像是为了杀死一只蜘蛛，烧坏了一栋房子……

近日澳大利亚西海岸出现宽达 150 英尺的虹吸管生物体，它们能够自己复制自己的细胞，从而产生延展性的串状身体，这可能是地球上发现的最长的海洋生物。他们自己延续自己，个体间不存在安全距离问题。

祈祷（李云枫作品）

召 舍

疫中记

5月9日 五月雪

　　母亲节的周末，我根本无法探望妈妈，也不能如同以往予她任何的承诺，谁也不知道，这场声势浩大的疫情什么时候能够真正告一段落。

　　逢周六，天晴，有风，却当真出奇的冷。前日，几乎一整天的雨，人也感觉被湿淋淋笼罩着走不出户。只是这冷，与二、三月间的冷还是有些区别。二月的冷，是冰冻；三月的冷，则是早晚的霜寒。而今天的冷，是未曾预料的，发生在五月，如同今年的这场疫情。

　　午后，天空开始飘雪花。起初，带着些漫不经心，有一搭没一搭，飘至中途似乎是遗忘了，丢失了，也许就是被一阵风吹散开。本来以为不见首尾的落雪就此谢幕，谁料，眨眼功夫，天色骤然趋暗，窗外的雪片如鹅毛般纷纷扬扬，且愈飘愈紧，脚不沾地。逐渐地，鹅毛的体积开始演绎趋小，化作碎石子般的颗粒，哔哩啪啦地敲打着天窗，再溅落于地，放眼望去，如白砂串起的细帘，兼有"大珠小珠落玉盘"的架势。幸好只是不多的功夫，五月短暂的一曲"冻吼"，戛然而止，有惊无险。

　　天色随即放晴，剩下些许零星掸落的霜粒躺落于草地之上、相聚在叶瓣之间，晶莹剔透，仿佛提醒着人们刚刚过去的一幕，也好似转瞬即逝的童话外衣，主人仓皇逃离，将缕缕绦碎遗落尘世。

5月10日 母亲节日

那些从暗夜中捻出的文字

是无数尸骨埋葬后的重生

　　凌晨，与妈妈通电话，没有提及大家什么时候能够一同出去吃饭，彼此都心领神会。她本非注重形式之人，但我依感如鲠于喉。原计划的夏天旅行肯定是打了水漂，下半年可能都无望。每次通话，她都嘱咐我：不要总是盯着新闻看啦。可是，如何做到？打开手机、电脑，有关病毒的消息无处不在。

　　下午，驱车去了纽约上州的皮尔蒙特。沿着哈德逊河边而行，远远便见有三三两两的人们戴着口罩在排队，彼此之间保持着相当的距离。临至靠近才发现，原是一家冰淇淋店开张啦。心中一阵狂喜，但转念一想，冰淇淋买了以后如何是好呢？如同以往，举着在大街上边逛边吃吗？或者，一路擎着回到车上再享用？那么，戴着口罩排队的意义又是何在？也许，最好的办法还是买一盒子的冰淇淋，回到家中慢慢品尝，令紧张的心里更踏实一些。

　　再往前行，眼见路边的咖啡店也开始营业。有那胆大之人，坐在室外的露天餐桌旁，轻松地聊天，喝着咖啡，当然，也没戴口罩。

　　这里的气氛比起曼哈顿真要轻松不少。前几天的某傍晚，驱车前去中城，见到除去药店、超市以及一些餐厅，大部分的店家都没有开门。走在路上的人，几乎也都面附口罩。大街上行驶的车辆不多，戴口罩、蹬着单车送外卖的倒是有一些。很多的大楼看上去，也就半数的窗户透着灯光，应该有不少已是人去屋空。在这特别的时期，许多工作还未恢复正常时间，人们更希望能远离都市与人群。大楼的看门人，面戴口罩，孤独落寞地坐在门厅里出神。倒是途经上城、哈莱姆一带时，见到有一些人在大街上，走路、聊天，还有人坐在街心公园的长椅上吃饭。便利店、超市及快餐店几乎也都开门营业，里面灯火通明，时有人进出，令人感觉如同到了另外一个世界。猜想，他们或是太过乐观，或者无畏？

今天，我们居住的镇上已经连续五天没有新发的病例与死亡。大家头顶的紧箍咒似乎是轻松不少，迫不及待想出门，想恢复从前的日子。可司空见惯的日常一旦被打破，慢下来的生活，已经不是悠闲二字可以简单诠释的。

5月25日 国殇日的行走与纪念

今天是国殇日，做了一回"早起"的鸟，再次驱车来到布劳维尔特公园。夜晚匆匆下过小雨，地面踩着有些松软。不到十点钟的光景，公路上已是车来车往，成队的单车爱好者穿梭在山间林道。行在步道上，满眼绿意盎然，空气里湿润的气息混杂着新叶萌发的生嫩味道。中途，遇到一位爸爸带着两个小男孩在试图用木棍取火，大概是想教他们学习野外生存的技能。4、5岁的孩子好奇地站在一旁，那位爸爸则左右忙得兴致高昂。很好奇，他的背包里除去点火器，是不是还装有热狗或者棉花糖。行在山间，头顶是逐渐放晴的天空，身旁是高耸的树木，再不远处是岩壁断崖。想到小的时候看过的一部电影《山的儿子》，其中大部分的情节已然忘记；但是，他在山间快乐奔跑的画面，总会在我徒步攀登时浮现于脑海。男孩与山之间的那份默契与自在，令我羡慕异常。

这两天一直在回避浏览《纽约时报》。我之前有个怪诞的习惯，喜欢读报纸的讣告。一般如有著名的人物去世，专版会有长篇累牍的生平报道；即使是普通人，家人朋友也会登载三言两语。但是，自三月始截止五月底，全美因Covid-19而丧生的人数已经过十万，《纽约时报》将记述的姓名逐一刊发出来。其实，这个数字是估算值，有些州，如纽约、新泽西州是将这期间病逝但未及检测的人尽数囊括，即疑似感染离世者。也是由于今年病逝的人数多出往年许多的缘故。

今天于《纽约时报》刊登的纪念逝者版面的姓名上方，几乎皆有留言。可以说，每一句即为一个人的故事，是其或长或短的一生。其中，不少写得生动有趣，我抄译几则如下：

° 加州圣荷塞的帕特里夏·多德，57 岁，是"硅谷的税务审计员"。

° 华感顿州柯克兰的玛丽昂·克鲁格，85 岁，一位"爱笑的曾祖母"。

° 佛罗里达州李县的杰梅因·费罗，77 岁，一位"未有时间享受新婚姻的妻子"。

° 华盛顿州的阿兰·隆德，81 岁，"长着最神奇耳朵的指挥家"。

° 华盛顿州奔腾县的弗雷德·沃尔特·格雷，75 岁，生前"喜欢熏肉与煎得焦脆的土豆饼"。

° 芝加哥的克里斯汀·麦克劳林，86 岁，"从末曾失语"。

° 芝加哥的詹姆斯·奎格利，77 岁，是"家庭的叛逆者"。

° 纽约州托那万达的卢文尼娅·亨得森，44 岁，是一位"傲娇的单亲妈妈，有三个孩子"。

° 纽约的哈伟·贝亚德，88 岁，"成长于原扬基体育场对面的街道"。

° 加州旧金山湾区的莫瑞克·道森，67 岁，"没有什么事情比领取帐单更令他高兴的"。

° 纽约州特罗普斯堡的哈利·E·艾克，79 岁，"自从开始驾驶校车那天起，他便感知内心真实的召唤"。

° 密歇根州福林特的罗杰·林待尔，65 岁，"将微笑传递给他遇到的每一个人"。

- 密歇根州西布鲁菲尔德的卡罗·苏·罗宾，69 岁，"喜欢旅行、麻将和填字游戏"。

- 密歇根州的贝西·冯，25 岁，"在朋友最糟糕的时候令他们发掘出自身最好的地方"。

- 纽约市的罗瑞雷娜·博尔哈斯，59 岁，是"做过变性手术的移民活动家"。

- 新泽西李堡市的施坦利·莫斯尔，88 岁，一位"永远将时间拿捏得恰到好处的大百科全书执行官"。

- 纽约市的王施道（译音），72 岁，"教习老年人电脑与上网的技能"。

- 佛罗里达州圣约翰的约翰·乔斯福·克奥威，56 岁，"与Covid-19 勇敢作战一个月"。

- 纽约市的本杰明·迪杰沃万尼，90 岁，"他的'一锅混'甜饼将保留为家庭的传统"。

- 麻省邓尼斯的罗伯特·R·斯道特，95 岁，"英吉利海峡军方沉船的幸存者"。

- 华盛顿州贝尔维尤的桑迪·普拉特，92 岁，一位"永远追逐风的工程师"。

- 麻省的基努维发·柯卡耐克，98 岁，"历经第二次世界大战期间德军对波兰的入侵与占领"。

- 弗吉尼亚海滩的康尼丽娅·安·亨特，87 岁，"她的最后遗言是'谢谢'"。

想将每一条都抄录，因为，没有一条是重复的，每一条都令我读得津津有味，甚至有时会忍俊不禁。被我漏记的那些，都曾经是路上的行人，家中灯光下的身影。我从眼前滑过的姓名、年龄与留下的片言只语中揣磨着逝者的相貌体态，生前的爱好，甚至谈吐。

……

这其中也有部分人仅留下姓名、年龄、住地与职业，有裁缝、退休的消防员、沃尔玛的工作人员、IT 项目管理者、退休的警员、医生、护士、音乐家、社会活动者、教师、911 的首批救援者和收藏家……他或她们，每个人无论是何种职业，居住于城市或者小镇，都有自我鲜明的个性，带着源于生活的睿智及属于各人的尊严。

本以为，我读的是满篇的哀伤与无奈。未料想，这些已经远离尘世的人们，似乎在用留言于彼此间进行着调侃交流。他或她们，在转身离开后，依然能给予人们会心的微笑与继续面对未知事物的从容并勇气。

5 月 26 日 关于入夏、毕业典礼及《纽约时报》的纪念

高中生的 AP 考试上周五全部告一段落，当然，这不包括个别学生可能需要参加的六月份补考。今天的阳光极好，邻居家自清晨伊始，便在后院里播放起振耳欲聋的摇滚音乐。无形中将国殇日的假期拉长。

上午，新泽西州长默菲签署了决定，自 7 月 6 日，今年毕业班的学生们可以参加于室外举行的毕业典礼；条件为，需要控制聚集的人数并且能够保持彼此间的距离。至此，学生、家长们与学校不必再纠结今年是否只能举办网络毕业典礼之事。能够拥有一个真正的毕业典礼，在特殊的时期，对于这些离开校园已有两个多月的孩子们而言，有着与众不同的意义。接下来的疑问就是，毕业舞会什么时候能够举办？人心都是贪婪的，而孩子们的这个愿望，倒真算不得太过份，况且还有许多热心的家长于半年前就开始张罗。体育赛事叫停，音乐会、歌舞剧表演被取消，对于不少将众多时间精力投注于此些项目的孩子们而言，不是灾难，也着实令人沮丧。

今天的《纽约时报》继续保留有关于 Covid-19 逝者的纪念版面，题目为《无法估算的损失》。每次看到都忍不住要点开来读，也顺手将一些记录至笔端，可以令更多的人认识他/她们，虽然大家彼此素昧平生。下面为所抄译的不多几例。

- 南卡罗来纳州查尔斯顿的乔安·斯多克斯-斯密斯，87 岁，"热爱旅行，足迹几乎遍及全球"。

- 密歇根州西布鲁菲尔德山的拉里·若斯盖博，90 岁，"首位制造时速 200 迈赛车的工程师"。

- 新泽西瑞志务德的艾伦·芬德尔，72 岁，"坚不可摧的《纽约时报》记者"。

- 纽约市的克沃斯·凯利，48 岁，"与 Covid-19 作战的护士"。

- 路易斯安那州的杰拉尔德·安东尼·莫瑞雷斯，91 岁，"一部好莱坞的百科知识（库）"。

- 麻省的弗德瑞克·卡尔·海瑞斯，70 岁，"一个开怀的笑"。

- 丹佛市的弗莱迪·罗德里格斯先生，89 岁，"在丹佛市最古老的爵士乐俱乐部表演吹奏萨克斯管 40 年"。

- 芝加哥的玛丽·弗吉尼娅·麦肯，65 岁，"各媒介的艺术吞噬者"。

- 马里兰州奥尔尼的尼奥·斯凯特，64 岁，"正在计划退休的护士"。

- 宾州的道格拉斯·希科，57 岁，"军队中首位病毒死亡者"。

- 纽约市的阿兰·美林，69 岁，"歌曲《我爱摇滚乐》的作者"。

- 纳尔维什市的乔·迪菲，61 岁，"获格莱美奖的乡村音乐之星"。

- 佛罗里达州的赫曼·波姆，86 岁，"总是盼望去旅行的退休建筑设计师"。

- 新泽西州莫里斯镇的索罗门·S.·波格斯基，84 岁，"热衷琢磨事物都是如何运作的"。
- 华盛顿州的克莱尔·邓拉普，89 岁，"88 岁时依然指导人们学习飞行的飞行员"。
- 俄克拉荷马州断箭镇的以色列·索兹，22 岁，"刚刚成为父亲"。
- 纽约州吸管镇的杰妮桑·德拉克鲁兹，31 岁，"以面部的微笑而负盛名"。
- 密歇根州伯克莱的柳达斯·卡德利斯·米卡罗尼斯，86 岁，"二战后从德国难民营移民到纽约"。
- 印第安那州的杰克·巴顿，78 岁，"生活在他长大的房子里"。
- 伊利诺伊州北溪的莫瑞斯·洛伊，90 岁，"不尽的好奇心，从未真正结束"。
- 康州格林威治的亨利·F.·格拉夫，98 岁，"哥伦比亚大学的美国总统历史学家"。

多数人，都无法预知自己会以何种方式告别眼前的世界，尤其是灾难突袭之刻。但是，能够携带几许从容，有着属于自我的尊严而告别尘世，应该是所有人的愿望。这其中众多人从事的行业普通，或已退休，可就是那些或长或短的语句，为他/她们留下了历史的一笔，也令读者如我，不断感受到熠熠耀眼之人性光芒。

（注：关于 Covid-19 罹难者的数据皆来自各州政府及卫生部门的记载，被《纽约时报》网罗入库。而关于各人的描述，也有据可查，均来自过去几个月中各类报纸与网络媒体的刊发，被参照的媒体也被逐一罗列于《纽约时报》版面的末端。）

朱 其

纽约日记（选刊）

2月7日

今天在哈佛书店，有一个深切的感受，就是对西方学术不再有兴奋和震撼感，就像逛国内书店一样，什么书有意思，什么书不过如此，能一目了然。我这一代少数学人，在先锋派艺术和艺术史论方面，经过几代人，终于在知识谱系上跟西方同行拉平了。我们到美国不再是单纯的向西方学习，而是可以开始有自己的全局性的思考视角。某种意义上，我们现在到美国，已超过了当年前苏联流亡文人的知识视野。前苏联东欧的大师赴美后，取得创造性成就，而85 新潮一批人没有取得同等水准。原因在于他们未做好知识准备，就到国外。国内训练这一段不如前苏联东欧人。到了西方，不应该还是学习，而是发挥的问题。但这次完全不同了，这一代人可以真正进入发挥阶段了。

2月16日

今天逛了两家很好的书店，PSI的书店和纽约著名的独立书店。在 PSI 淘到了一本美国七十年代先锋诗歌具体派的代表人物 Mary Ellen Solt 的文献集。中国的先锋诗歌，到 90 年代初就再无进展，翻译介绍也只到"自白派"。作为重要的"具体派"，则没有任何译介。"具体派强调打破文字和图形关系，这一脉络可追溯到阿波利奈尔和庞德。某种意义上，日本的具体派像新诚国一，也受其影响。

2月22日

与严力兄在法拉盛一聚，下午他在法拉盛图书馆举办讲座：关于星星美展和纽约八九十年代的艺术。严力是星星美展以及 80 年代初朦胧诗代表，下午的讲座回忆了很多鲜为人知的史事，以及中国艺术家、诗人在 80 年代纽约的艺术人生，那也是 20 世纪后期艺术家的浪漫主义精神最后的时期。

3 月 15 日

下午纽约亚裔美国艺术中心举办 80 年代后期中国当代艺术文献展，展出了 80 年代后期纽约中国艺术家的创作，除了谢德庆、严力、艾未未、徐冰等，也包括一些香港艺术家。这段时期的前卫作品非常有实验性，可惜国内一直不了解。开幕式来了不少热爱中国的美国"白左"，严力兄与一位美国女士朗诵了来纽约早期的诗歌。最近纽约见面礼改成碰胳膊了，画廊给大家准备了口罩。参加开幕式后，就像穿越灾区，坐夜班火车去 Catskill 山里躲避疫情。

3 月 25 日

一些朋友选择回国了。我最近的状态好像晚上有些回国动念，白天看到 Catskill 美丽的远山以及门前大片草坪和白桦林，又不想走了。

人只分两类，一类是不能断舍对过去已有的或曾经有过的留恋；另一类是选择继续往陌生的远方探访，渴望遇到更有缘的人。我是属于后者，很多人和事都会渐行渐远，前方的可能的相遇始终是一种会莫名兴奋的期待。在遇到下一个欣喜的时刻，更多是孤独的独行，也许一站一站并没什么惊喜，但不往前走，一切皆无可能。独行久了，对下一站期待的兴奋本身就是一种目的。因此一路独行并不需要结果，本身渐渐就成为自我机制。

在美国快二个月了，不再是一个游客的感觉，开始有了一种日常感。在美国自然就会站到一个超越中国意识的普世性的思考视角，首先不是思考国家和文化之间的关系，而是回到个体的内心、日常性和人类总体的知识背景。就像在北京一样，不需要考虑地方特色，把个体的内心、日常性和普遍性想透了，就代表国家和文化了，但不需要整天想着国家和民族怎么样。个人做到精神极致了，就等于代表一个民族的新精神走到什么极致了。不要让国家和民族的意识形态成为分别心的偏执。

住在原来 798 的艺术家朋友在山里的森林别墅。早年在 798 火爆时，大家忙忙碌碌，见面说不了几句话，那是一段忙碌才显得有奔头似的岁月。现在一起在山中被强迫过上传统的缓慢无所事事的生活，反而觉得这是上天赐给的缘分，让我们可以朝夕相处，彼此体会以前没有机会感受的精神细微。

故乡和祖国不可能从记忆中抹掉，但故土不是一个生命的全部，生命是属于世界的，涉足和体会故土以外的远方才是生命的原动力。如果这个原动力没有了，无异于心如死水。

4 月 6 日

最近每天都会到屋前的草地上，眺望远山的起伏，深吸一口空气。以前读到书上的道家医论，说清晨应站到户外，让天地之气，通过头顶灌注入身。这几天站在群山环抱中，真感觉有一股清气从头顶入胸，面部朗清的感觉。当然每天懒觉，只是下午在草地上闲步。

无论坐在屋里隔着玻璃，还是呆站在远山前，都会不经意间看着屋子前的两棵白桦树。虽不足一月，却历经了阳光、阴雨和霜雪的变化，白桦树一日摇弋，又一日静立。

渐渐觉得树有时如人遗世独立，但比人更具自性，历经风霜吹打，它仍自足而立。人要竭力将自己从情感和思想系统拔到真理、审美和语言的自足性，但仍达不到一棵树的朴实不为所动的自性，因为它没有思想和情感吗？一棵树的动静之变，仍有情思之美，但它的自性从未去苦苦求之。

4 月 21 日

在山里读完了《寒山诗集》，Catskill 正好有禅定荒野的景色。寒山在中国诗史并不算上乘，在天台国清寺一生所写数百首，有十几首绝佳，但大部分一般。寒山一直未入中国诗史正典，却意外在美国"垮掉一代"中受宠。这归功于自然派一代宗师斯奈德，从寒山诗中看到一种日常白话的禅境。寒山属于陶渊明的田园体和禅偈的结合，虽有平实的自然叙述，但遣词造句并非后来垮掉一代推崇的反文人化的口语，寒山的诗仍讲究格律体字数、文言的凝练、文人的雅词以及引典的互文性，偶尔难免俗词。斯奈德开前卫新风，完全抛弃了诗歌的隐喻、押韵和修辞，彻底回归自然主义的口语体。当然，英语的跨文化转译，使斯奈德误译寒山十余首诗时，过滤掉文言的修饰，开创了白话体的口语现代主义。

4 月 23 日

在美国快三个月，一个更深层的认识，美国并不是一个民族主义国家，更不可能是种族主义国家，美国一开始就是由各民族移民汇合的普世国家，可能基本制度来自盎格鲁·撒克逊的清教资本主义和犹太基督教精神，但美国并不盛行文化原教旨主义，不然后现代主义、后殖民主义以及全球化不会发生在美国。美国首先是一个自由机制或一套游戏规则，这套规则或机制拥有世界上迄今仍是最强大的军事、科技、教育和金融力量，但这股霸主力量如何使用，主要是由民意决定的，不是哪个集团能垄断的。某些集团也许可以操纵民意，但也要以满足民意为前提，不可能强奸民意去讨好外国，它最坏只能强奸外国讨好民意。

在这一罗马帝国再世的国体之下，美国是一个各民族文化精华的大熔炉。它的文化原则不是以某一个两千年前的圣贤或开国领袖的思想为准则的，而是基于一种实用主义哲学，什么文化在今天对自由、繁荣和人性的幸福有益，就可以成为美国文化的一部分，比如禅宗、瑜伽、气功、密宗等。如果各移民民族都有自己的文化传统，那么对传统的取舍原则，不是过去的圣贤或开国领袖，而是今天的普世要求。即传统有没有必要留用，是由今天的普世需求来裁决的，而不是由过去各古老传统形成的民族精神决定的。这也是为何实用主义哲学产生于年轻的美国的原因。

任何文化传统在美国受到被拣选的待遇都是公平的，这个公平原则只有一条，即对今天的人们仍然有用，而不是祖先认为它伟大。好的让人佩服的东西，不管来自什么文化，在美国都会受到尊重，就好比美国佩服中国的古代水墨画，但暂时不会对中国的当代艺术产生敬佩，因为还没有达到让人觉得很好但自己还做不到的地步。

从 18 世纪西方人到世界各地考察各种非西方文化至今，不可能说一个文化传统历史上好的东西，或今天新创造的好的东西，放在西方人面前，人家不识货或见好不用，这是不可能的，世界各民族文化之间的相互理解的程度，到了这一轮全球化，至少达到了90%的程度。人家觉得阿里巴巴电商做得比西方人成功，就会到处请马云去演讲。

在美国，一些中国移民过去的艺术家，总是怪美国艺术圈被白人控制，有文化歧视，或文化政治。我觉得核心原因还是自己水平不行，美国尤其是纽约不会因为出身背景瞧不起谁，只要真正有水平，都会重视你。当然，因为基础训练起点不同或语言不是一个语系，中国艺术人在美国会有先天不足，但这跟文化歧视没有关系。在 90 年代的后殖民主义思潮之后，西方人不会再就文化和种族问题瞧不起别人，大家对文化的态度，就秉持一个实事求是，你古代文化厉害，我就说你古代好；你当代电商模式好，我就说你马云这块比我们厉害。

因此，美国的制度基础是以犹太基督教的自然神性以及实用主义哲学为基础，在这个基础之上，不可能以"国情论"或'传统原教旨主义'为制度依归，因为美国没有传统，也没有不可更改的国情，一切以敬畏神性的更高层次的平衡以及普世有用为原则。

因而，美国虽然以犹太基督教经过加尔文教改造过的清教的自然神性为立国精神，但美国并不是一个欧洲白人文化原教旨主义的民族国家，某种意义上，它是一个基于普世的实用主义原则对世界各民族文化一个拣选机制。这一点是很多想重返世界强国之林的历史上曾经辉煌过的单一民族国家所不能理解的。

6月4日

来纽约四个月了。先是天灾，后是人祸，又是飞机断航。三个月前约定、今天以户外聚餐以及疫情艺术品评实现，别具意义。灾情中见真情，这次纽约动荡不安的时日，受到诸友的关怀和呵护，以及国内同仁的鼎力相助！虽然国家制度有诸多问题，但这次的灾情岁月，感受到的是中国人情义相助的传统，以及艺术和正义的理想，依然在我们每个人心中存留，不因政治的变故而消失。这些弥足珍贵的精神有些是优于西方文化的。没有理由不对中国传统好的一面以及中国的未来抱有信心，黑暗和邪恶终将在这片土地被清除。

<—— 疫情系列之二（徐进作品）

附录

本书精选片段英译

English Versions of Selected Passages

Belinda Cao

Lessons on Genuineness during the Pandemic

➢ As one of those confused New Yorkers, I didn't learn of the first confirmed infection case until March 1, after wondering for days why not even one single was detected in a city crowded with millions of immigrants. Five days later, New York State announced 44 confirmed cases. The figure surged to 105 today with 10 of them from Manhattan, where my company is located. The virus is arriving at my doorstep, forcing me to gather all my mental and physical energy for a possible face-off.

➢ A recent post on WeChat, the most popular Chinese social media platform, says: "While China plays in the first half, and the rest of the world in the second, overseas Chinese have to play the full game." That's an accurate summary of my scenario. It's just two weeks ago that I was devoted to a campaign, working with fellow Wuhan University alumni in the city to raise funds, purchase protective medical devices, and send them to the most-needful hospitals in Wuhan. For me, the effort was worth it if only one more life would be saved. Now it's my turn to secure facial masks for myself amid a supply shortage as coronavirus cases are soaring. I'm scouting around for any bits of information on sanitizers, masks and gloves. I clicked the "Place an order" button without hesitation, after finding alcohol pads were the only sanitizing item available on Amazon.com. I also bought a box of vinyl exam gloves at a nearby pharmacy. The inventory, whether I will actually use it or not, provides some comfort at least.

➤ I only left home twice for groceries in the past two weeks of work-from-home. Several Chinese friends of mine in the U.S. have started to write diaries of their experience during the pandemic and share them on social media. They are mostly inspired by Fang Fang, a Chinese writer living in Wuhan who has been publishing dairies throughout the city's coronavirus outbreak. In her up-to-date articles, she reveals actual situations observed, criticizes the government's inaction, questions scandals during the government-organized rescue work, or calls for more attention to some individuals in desperate need for help.

➤ Quite a few of my friends in mainland China have turned to me to help verify news items spread on local social media which they have doubts about. At least it shows their self-trained sensitivity to propaganda and growing awareness of disinformation. An invisible, but thick ``information firewall'' creates a non-transparent world on one side, contrasting with the one on the other side. But what better options do they have? For people living in human society to make decisions, we have fundamental needs for information.

➤ Since the beginning of January when Wuhan started daily reporting of coronavirus cases, I sensed confusion, shock, grief and anger; I felt the toll on my emotions and health from bitterness, hatred, irony, desperation and empathy. After experiencing extremities in mood, we need an easing period, even if it only works on the surface. Who knows what will happen tomorrow or the day after? Will we be one step closer to a disaster, or will our faces flush with blood again as our eyes see another disaster made by men?

➤ Ambulances screamed more and more frequently outside my window while Covid-19 cases were jumping at an astonishing pace toward the end of March. I was, however, getting used to it day by day while my senses were dulled to the piercing sirens. There were times when I was awakened by the sirens, I would write the Chinese character "正" on a piece of paper, drawing one stroke each time an ambulance raced by. Completing one character meant five new emergency cases. I thus kept a daily record until I went to bed, tired. For a while I wondered if I had missed one or two passing ambulances while in the bathroom. I was surprised to realize that each desperate siren was no longer a reminder to me of a life's survival struggle. I have become an impenetrable body in a vacancy, my mind floating here and there on the earth, or at a corner of outer space. For more than a week, I assessed the pandemic situation in my neighborhood, and my city, by counting the number of Chinese characters I had marked. That seemed to be the only connection between reality and my inner world world.

(Translated by Belinda Cao)

Jane Cao

What can we expect tomorrow?

> Speaking of how to protect family members, as doctors and nurses we were all deeply worried. My husband, a physician too, discussed with me how to protect our son as he was facing a double threat from parents who are both physicians. The decision was obvious that we must separate. Being a cardiologist my risk of exposure is relatively low. So our son will live with me. Being an internist he faces much greater risk from seeing patients with fever and cough daily. Sadly it was our best choice under the circumstance to split the family. With that my husband moved out.

> Returning home, our discussion gravitated towards COVID-19 again. Today, new cases have exceeded three thousand in New York State, much higher than any other state. The US Navy hospital ship is sailing towards New York, which is equipped with one thousand hospital beds. The unemployment rate has skyrocketed. The Dow Jones index has plummeted below 20,000 points from near 30,000 points before the COVID-19 crisis.

> Tomorrow is another day. But how much more should we expect?

> If contracting COVID-19 was our concern, dying from the disease has become our fear. As physicians, we are accustomed to facing death, as it is our duty to help patients in their struggle with it. But as health professionals today we are falling into despair as we helplessly watch the hard reality of death engulfing our colleagues. Today, we are deeply saddened by the news that the world-renowned pediatric neurosurgeon Dr. James Goodrich of New York City died from COVID-19.

➤ His unfortunate passing pains us tremendously. It also reminds us of the unmistakable cruelty of COVID-19.

➤ Every day we hear comforting news that many PPEs are shipping to New York. But in reality the frontline health care workers are struggling to stay alive with limited PPEs. The US Navy hospital ship Comfort finally arrived in New York City yesterday, bringing a thousand much needed hospital beds. The makeshift hospital built inside Javits Center is also operational providing several thousand hospital beds. All of that brings New Yorkers renewed hope. On the other hand, the much expanded bed capacity will further increase the demands on frontline health workers, already severely strained.

➤ When the doctor picked up the call it was the patient's husband. The patient had been on the ventilator for 5 days. Her condition was deteriorating. The husband was talking anxiously, "You are not going to withdraw the ventilator from her, are you? I know she has cancer that has spread but she is so full of life. She has a great sense of humor. She loves her family and friends. We have many travel plans. We promised to each other that we are going to do so many things together." His breathing became labored, trying hard to hold back his tears.

➤ Theoretically, we may need to consider the circumstances when it comes to saving lives. However, as a physician our impulse is to save every single patient when we are facing life and death, irrespective of a patient's age whether they are 20 or 90-years old.

➤ These days, I am so looking forward to hearing the song "Here Comes the Sun" by The Beatles as it plays on the overhead speaker at the hospital every time a COVID-19 patient is discharged.

(Translated by Jane Cao)

Wenrong Dong

Peach Blossom Haven in the Stars

> While staying home during the pandemic, Twitter becomes a particularly lively kingdom of excitement in virtual life. Surfing on Twitter, most Chinese are debating the pros and cons between US and China on COVID-19.

> In virtual life, walls are quite high and people on each side are surmising to other side without any reasons. Why? Plowing fields is even better at this good time. Benevolence as essential, please take off guard, prosperous world, nice people, why there is endless war of words!

> Indeed, I've lived in America for more than ten years. Although I am an ordinary working person and have travelled to many places in America, making do with my poor English, many people have shown me kindness.

> All we would wish for is that neighbors be friendly and treat each other as family members. Whatever ups and downs come into my mind, it should be full of the love with which our nature is endowed.

> As COVID-19 descends overwhelmingly upon us, we're hiding at home. It is staying indoors watching swirls of snow in bad weather, keeping aloof from the rough conditions outside. How despicable!

> For those killed by virus, their cars are still parked alongside the streets and nobody moves them. People are struggling and waiting for the God to dissipate the haze……Do writers fall asleep? Or do they just describe the ending with a long ellipsis?

(Translated by Grace Dong)

Jie Fu

The Diary of a Viral Test Expert

➤ In the past two days, I have been very worried because the pandemic of Covid-19 in New York City seems to be out of control. I am distressed by the terrible lack of personal protection equipment in all the big hospitals, especially public hospitals such as Elmhurst Hospital. My anxiety about this is getting worse and worse compared to what I felt two months ago because Covid-19 is around us, not just in China. We cannot see the virus or touch it and therefore even with all the steps we take to prevent it, it is still not enough.

➤ As we live life at a slower pace than ever before, we finally have an opportunity to think about how we deal with our daily life.

Here are some thoughts I would like to share with you.

1. Life is so fragile. Although science and medicine have developed to a great extent nowadays, their protections are limited.

2. It does not always happen that one's family can be together for a lifetime. If you have a family, cherish it—cherish every single day you have together.

3. Even if you are very rich, please respect and conserve resources. Please have a responsible relationship with the earth.

4. It is not true that we can always overcome nature. Life is easily taken from us when nature wants to do so.

5. Healthcare providers deserve our respect and trust. They are our heroes.

6. If you want to do something today, do it today. Do not wait until tomorrow. If you want to say something today, say it today.

7. If you want to take pictures, do it today.

(Translated by Jie Fu)

Kevin Ge

New York's Pandemic: Keeping up the Flow

➤ Since the beginning of last autumn, the economy has been bad, and now it is even worse. At this time, don't think about expansion and growth; I think survival is already difficult. After many peaceful years, I thought I had firm confidence to stay calm even if mountains were to collapse in front of me, but now internal and external problems are like a balloon full of gas, ready to burst after a poke. I lament that my self-cultivation has not reached the point of equanimity, and that I have no energy to deal with the exercises assigned by my spiritual master.

On this day when all things are not perfect, I have not been idle. I have finally made good on my promise to compose a song for my friend's poem "Snow, Moon, Wind and Flowers Away from Home." One could say this was an act of rescuing myself from defeatism. The environment is difficult, and it is better to try harder.

Before the epidemic began, some activities had already ceased at the 7s Hall. Now that the epidemic has come, today's flower class, calligraphy class, and Chinese painting class were cancelled. The Chinese are afraid of being infected, but Americans are not afraid. A team of American chefs will hold four banquets in the 7s Hall at the end of the month. I asked their leader if they were afraid of COV. He said he was not afraid. OK, if not, then go ahead with it.

➤ In the afternoon, I went to the Chinese supermarket to buy vegetables. When I saw that large numbers of people were wearing masks, it seemed that all the mask-wearing people in Brooklyn had come here. Every cashier wears a mask, and employees in the supermarket also bring masks and gloves. There are a variety of masks. No one wears N95. The most are medical masks. Many people wear masks that do not have anti-virus effects, that is, they wear Psychological Comfort.

➤ I walked around in the crowd and shopped for supplies. I wanted to buy a thermometer. I saw a pharmacy with a notice posted on the door, saying that customers who are picking up medicine are requested to knock on the door. After filling in the form at the door, the clerk inside handed the medicine to the customer. This store clerk was so afraid of the virus that he handed over the medicine in this way, making it clear that people could not come in. Going to another pharmacy, the door opened, no one stopped at the door, and I asked the clerk if there was a thermometer. The clerk said that only ear-test thermometers were left: the others were sol.

➤ I don't know why. At home all day, I'm not very efficient. I don't want to make progress. I haven't practiced calligraphy for a while, and I'm a little absent-minded about what I do. Today, Wuye, Meihua, and Yuqiao all forgot how to play certain passages. In the piece Yuqiao, especially, there were two places. We went back and forth discussing whether to leave the fourth string open or to press a stop. Finally we found that one should press the tenth emblem on the third string. The difficulty with Guqin is that even if you remember the sound but forget the fingering, you still can't play it. When you forget the fingering, don't rush to find the score: try to go back and forth as much as possible, and find the muscle memory where is broken. The memory will be strengthened and no longer easy to forget. With Guqin or Xiao, the most comfortable state of playing is when the brain does not have to think about what the next note is. One note follows one note, coming out naturally from the fingertips, I don't know what sound was played before, and I don't think of what sound will be played next. One reaches the end of a song with no notes sticking in your memory: this is the realm of joy. This is actually muscle memory.

(Translated by Wenchao Ge)

Sonia Hu

At the Front Line of New York's Pandemic

➢ Early Tuesday morning (day before yesterday), a friend called telling us that there was a confirmed Covid-19 patient in Westchester county. We immediately turned on the news and found out that the patient was a Jewish lawyer living in New Rochelle, only a few towns away from us. The location of the patient made us feel shaken because when we first moved to Westchester the house we bought was located exactly in New Rochelle. We had lived in New Rochelle for two years, and the news suddenly brought back a lot of memories. Very soon, the Chinese local residents in our WeChat groups expressed panicky feelings, as if we were under siege. By this time their panic seemed normal to me. When the pandemic had first started in China, everyone had felt panic-stricken and worried about their families and friends there. Now the pandemic had arrived in a snap of the fingers, and it seemed normal for us to worry.

➢ Watching the last ray of the setting sun sink into darkness, I thought to myself "What is going to happen tomorrow?" A voice told me, "Everything is in the hands of God." I no longer felt worried, at least for the time being!

➢ Early in the morning, I received a WeChat message from a community friend informing me that the Chinese in the Chappaqua community where she lived were donating masks. Chappaqua is also a town in Westchester, a suburb of New York where we live. The mothers in their town started to get busy looking for a source of masks to donate. They also launched an online fundraising campaign with the target of 20 thousand dollars which was exceeded. Yesterday they braved the snow and took the package of 150 N95 masks they donated to the New Castle police. They uploaded the photo they took with the police on Facebook and received more than 300 likes and comments thanking the Chinese community for their effort. Some hospitals and medical workers also came to ask for masks when they saw the news.

➤ In a sense, the pandemic is like a witch's mirror that captures the hearts and minds of everyone in both China and the USA. Whether someone is a human or a demon, let action speak and not words.

➤ It was a bright Spring day during April in New York. Driving southward along Highway 95 from the suburb to the city, I could see the skyline of Manhattan in the distance. The highway that used to be crowded and full of traffic was almost empty now. Only a few passenger cars could be spotted here and there. The only vehicles that I could see in the distance were various trailer trucks driving to their destination to ensure the flow of goods.

It was the same on FDR Drive, the highway on the east side of Manhattan Island. The traffic on FDR Drive, which was usually congested all the time, turned out to be sparse. After so many years of witnessing the traffic jams on FDR Drive and random gridlock throughout its long stretch, I found it surprising to see the highway suddenly empty.

➤ All of a sudden, what my mother's home attendant said came to my mind. She told me that after the pandemic broke out, she was afraid to take the subway for fear of catching Covid-19 in the crowded train. But after the lockdown of the city, she was still afraid to take the subway, because the empty train made her feel even more nervous.

➤ On our way back home, we went out of our way to drive to the Westside highway to have a look at the Navy hospital ship Comfort docked at Pier 90 next to the Westside highway.

➢ The pier was sealed by NYPD and soldiers and even the iron fence was covered up with green canvas. We could only glimpse the ship's white hull and its red cross from a distance on the highway.

When a soldier in uniform saw our car approaching, he waved his hand at us as a gesture of greeting, which warmed our hearts.

A few days ago, when the Comfort drove into the New York Harbor, many New Yorkers ignored the coronavirus lockdown, and scrambled to the pier to peer through the iron fence and welcome the hospital ship. Now the Comfort was docked quietly at the pier, but we could hardly see it.

➢ Now the lockdown is lifted and the city is in Phase 1 reopening; however, I wonder if people's hearts are still in lockdown or boarded up due to recent issues such as the coronavirus pandemic, antiracism protests, clashing political views, the sadness over lost lives and jobs, as well as worries and concerns about the future.

The lifting of the lockdown definitely means a turning point towards the reopening of the city; however, it is a challenge to build up public confidence.

The eyes of the world are on New York again, wondering if the metropolis that has been hit so heavily by the coronavirus and riots can be restored to its former glory.

As I sat in the car watching the familiar sights of Manhattan passing by, my vibrant memories of these sights sparkled in the depth of my mind like a starry night upon a vast ocean. Sentiments of the past weighed so heavily on my heart that it seemed hard to breathe.

"I can't breathe! " George Floyd last words suddenly came to my mind.

(Translated by Sonia Hu)

Jiangnan

Chicken Soup from Pandemic-Stricken New York

➤ According to today's epidemic report, the number of confirmed COVID-19 cases in the U.S. has already exceeded both China and Italy, ranking first now. New York State is the hardest-hit area in the U.S., and New York City is the hardest-hit area in New York State. So undoubtedly, we are in a new epicenter equivalent to Wuhan. Just like a replay of what happened in Wuhan more than a month ago, the hospitals in New York are raising warnings over shortages of protective equipment for medical staff. A nurse died from COVID-19 in New York.

As a Chinese New Yorker who is "playing the whole game", I cluelessly tried to find a reliable supplier of PPE from China to help connect with the government or hospital procurement here. However, after being tossed around for several days, studying a bunch of documents about the requirements and standards of procurement, joining several donor groups for joint purchasing, and asking a lot of suppliers, I finally failed.

All I could do was sort out dozens of various masks that my cousin mailed to me from China, and divide them in types to give out. Some for the family, some for the garbage workers, some for our mail carrier, and the rest will be sent to the nearest police station tomorrow. Hundreds of NYPD employees have been infected by the virus. Looking at me repacking the masks, my son Alex asked: "Who are you going to give these masks to?" And I told him: "To the community helpers who are still working for us at this difficult time." He immediately reeled off some items on my list, patted on my arm, and said in a grave, grown-up tone: "You are doing a good thing, Mommy!"

➢ It was early March, the pandemic of COVID-19 had begun to spread quietly. The Flushing Library appeared to be way less busy than it usually is. Although the seats in the hall were still full, the flow of people in and out of the door became sparse, just like it on Main Street outside the door. The manager of the library said that the recent daily number of visits is only about half of the usual, this has never happened before.

➢ At the end of the notification about the closing of Queens Public Library, it was inconspicuously mentioned that all the libraries keep the last physical service that they could provide to the public, which is free Wi-Fi. According to statistics from the IT department, thousands of people still rely on the Wi-Fi available outside the walls of libraries to access the Internet. In my mind's eye I can see some homeless people and a few middle school students who snuck out of the house, sitting on window sills outside the library door as they at their phones intently. Somehow this gives me a little comfort.

➢ In the past few days, many states across America have been gradually reopening. The libraries are planning to re-open too. Since I told my family this news, every time when I open the door after finishing my work meeting, the kids always chase me and ask: "Which libraries will be open? When?" We are all looking forward to the opening of the libraries, looking forward to walking out of the tunnel and embracing the light.

(Translated by Jiangnan)

Ying Li

The Storm Has Long Been Incubating

➢ Spring break was canceled in many schools due to the Covid-19 Pandemic. Since I was quarantined at home, I didn'need to worry about missing the blossoming of the cherry tree in our yard. In spite of this, the truth of my situation still brought me more sorrow than joy. In each petal lying on the ground or in the mud, I saw the lives lost as a result of the pandemic. It struck me that just as rivers run cruelly without regard to the pebbles they wash away, this virus has washed away our hopes and plans. Just as flowers fall heartlessly, this virus has landed in our community. The transient blossoming of the cherry tree has given way to a feeling of loss akin to that of unrequited love.

➢ The pandemic is like a storm. Unbeknownst to us, it has long been brewing; it has been preparing to destroy all we hold dear. Now that it has arrived, it has unearthed the prejudice, rashness, and darkness buried underground and within each of our hearts. However，it has also brought to light the abundant supply of selflessness, kindness and bravery in our society.

➢ We are awaiting the discovery of the ways in which human civilization will continue to exist on our planet. We are anxious to see the kinds of surprises that the world will bring to us, and we are eager to discover whether the wheel of history will runs its predetermined course or veer off track.

➢ He is concerned about the risks which humanity assumes upon elevating the importance of medical endeavors. If the field of medicine infringes upon our personal lives, we do, in fact, render ourselves vulnerable to many threats. Human beings are confident to the point of conceit regarding their ability to control illnesses. It's natural for us to admire people's fearlessness in the face of danger. One day, my daughter told me that she was curious why people care so much about the lives lost in the Covid-19 pandemic while neglecting the lives lost daily due to war and starvation. I've been thinking about these words for a long time.

➢ Because of isolation, we have learned to cherish our food resources more than ever. Sometimes when I yearn for certain foods, it almost feels as if I've been seized by a pregnant woman's longings.

➢ Food is the wellspring of human vitality. While we are trapped at home and our freedoms are restricted, food is a form of liberty.

➢ The virus is wreaking chaos on our lives, the global economy is failing, and politics are descending into darkness. People who disagree with capitalism envy the services that the American government has provided for low income families. Amidst the turmoil, food warms our stomachs and our hearts.

➢ It's hard to foresee how people's behavior will change after social distancing orders have been lifted. However, it clear that people's opinions regarding safety measures will be determined by their differences in gender, knowledge, and beliefs. Maybe there will be fewer one night stands and more virtual relationships as a result of the pandemic. Maybe people will need to do testing before moving in together. The "do you need a hug?" street artists will become an old story which we hand down to our grandchildren.

(Translated by Ying Li)

Liu Huangtian

Jottings from San Francisco under the Pandemic

➢ The speed of the passage of time, when displayed by the hands of clocks, has only physical meaning. Only in people's "feelings" does it strike a loveable variety of poses. Philosophers say that time is the wisest of all "strategists," serving as an "adviser" that acts through perceptions rather than reason. From the perspective of the current moment, what I reap from its rapid passing is joy. Seen in this light, I finally became mature enough to have a little wisdom to deal with solitude.

➢ The spring of 2020 is the most memorable special season in my life. However, these days are not the "saddest." I used to lie awake at night lamenting the misfortunes of myself and my family during the Cultural Revolution; I bemoaned the poverty and despair of the generation of sent-down youth, along with my friend's false accusation during the campaign to condemn Deng Xiaoping and track down counter revolutionary rumors. By comparison, my present discomfort does not come from the physical or material conditions, but from my confusion about the future. All news seems to be bad news when you read the media.

➢ Nobody has ever seen or faced such a situation in which Mother Nature quietly uses the coronavirus pandemic against the human race. It seems that all humans are forced to face unknowns of incomparable scope. When do we think that we'll ever see the turning point in this pandemic? When will the number of confirmed cases and the reported death toll ever stop or taper off? When will the special treatment or vaccines become available? Information on the internet keeps coming like a flood tide that exhausts everyone.

➤ We have never felt this kind of uncertainty. We feel that we must capture something definite and foreseeable, even if it is extremely subtle.

(Translated by Sonia Hu)

葵（李云枫作品）

Lauren Liu

Spring /Summer: My New York Diary

➤ **So Say the Politicians**

One cannot fully trust what politicians and spokespersons around the world have to say during this pandemic, especially the parts that sound extremely positive. Up to today, we human beings have not reached a complete and comprehensive understanding of COVID-19. We have not seen the truth. Every day, new insights overthrow the knowledge gained from the previous day. Be vigilant about all kinds of promises, carefully review all kinds of information, and cross-reference multiple media channels for breaking news, especially the good ones.

➤ **Social Life**

Some people are predicting that human social behavior will change for good; I must agree—not only the way we interact with others will be different, but also the way we behave while alone. Our lifestyles and values have already been changed during this pandemic. In a post-pandemic era, how many New Yorkers would shake hands with someone they meet for the first time, or hug their old friends and cheek-kiss them without concerns? Perhaps a "health certificate" is required before entering a party. I am reminded of something I heard: before shooting, adult film workers always show their latest physical examination reports to colleagues and the crew to prove that they are "healthy and clean." It annoys me greatly when I think that in the future, going out for Happy Hour could be as risky as having a one-night stand with a stranger. Zoom and similar apps will be most likely the long-term solutions for our social life.

➤ **"Crying Out"**

Today, a publication of the First Line New York poetry series, "Crying Out—Response to the Pandemic in Chinese Poetry" was officially launched. It is currently available on Blurb, and soon on Amazon. This poetry collection was edited by Mr. Yan Li and Mr. Qiu Xinye. The famous sinologist, Mr. Denis Mair, had selected twelve poems and translated them into English. About 130 authors (Chinese literature lovers from all over the world) sent in submissions for this book. Among them are not only famous poets but also "newbies" who are first exposed to poetry writing. Quoting the founder of First Line New York and Editor-in-chief Mr. Yan Li in the preface, "page after page, we read the articles about how people from the globe are fighting this crisis".

➤ **Back to Basics**

Fortunately, leaders of major fashion houses have found enlightenment during more than two months of quarantine. Alessandro Michele, Creative Director of Gucci, announced yesterday that he will permanently abandon the traditional fashion calendar and re-evaluate the real needs of consumers. In its future design, Gucci will retain basic elements and throw away unnecessary decorations. Michele's post-pandemic operational strategy stems from his "reflection on the relationship between man and nature: human beings' overexploitation of the planet's natural resources has caused increasingly serious environmental degradation and resource depletion..." Hopefully, Gucci and major European fashion brands could lead the industry in returning to essentials and become a "wind vane" that advocates a new trend.

(Translated by Lauren Liu)

Xinye Qiu

The Earth's Lessons for Human Behavior

➢ Today, March 16, at 10 am, almost all the employees reported to the
library. Everyone registered their personal contact information, cleared
their personal lockers, and went home. The managers stayed a little longer
to take care of the remaining business. Our main office emailed notices
on the library's closing in several languages. I printed three sets of each
in English, Chinese, and Spanish, two sets on the door, and one at the
book return area. Outside the front doors, a stream of clients looked
around, knocked on the doors, then walked away after seeing the notice.
I looked dejectedly at the building's empty interior. Two days ago, the
library had announced the cancellation of all programs, conferences, and
training sessions in the building. Gina, the Program Manager and I
removed all program posters in the bulletin board one by one and
collected a large stack of posters, supposedly for customers to pick up.
We put out a notice to cancel the events. Seeing those colorful posters
robbed of their intended meaning, I felt heartbroken. Gina is an Italian-
American, and her eyes become tearful.

➢ Back home, there was one thing I wanted to do immediately. Although it
is usually an observance reserved for holidays, I decided to hang the US
flag in front of the house today. Riding the spring breeze, the flag flew
high.

➢ In retrospect, the history of the modern world starts with and features
the nation-state. Modernity has always been linked to human progress
and national self-determination. The establishment of national borders
sets forth a clear relationship with other nations. Diplomacy represents a

move toward civilized norms instead of warfare. The world has thus entered the era of order, rather than chaotic strife and conquest. But we must realize that the strict nation-state rule obscures the common ground of mankind; personal identity is limited to the specific country or nationality to which an individual belongs, so stateless individuals have a hard time surviving. Although luminaries such as the scientist Albert Einstein, the historian Yu Ying-shih, and the Czech writers Kafka and Kundera played down their countries of origin, most people weight it heavily. However, from the perspective of human beings, country and nation, blood and family surely are of great significance in people's lives, but they should not surpass the common spiritual value of humanity.

(Translated by Paul Qiu)

Lei Rao

In the Company of Wisdom and Decency

➤ Participants at the conference came from all around the United States and Europe. Some of their sons, daughters and spouses are fighting the COVID-19 virus on the frontlines as medical workers. Most people are working from their homes, but no one is dismayed or terrified. A senior gentleman said that because he is working from home, for the first time in his life he has an opportunity to taste his wife's wonderful dishes. During a Zoom meeting, I observed a toddler stepping into view and crawling into a young man's arms. He held the child gently and continued his participation in the meeting. As the epidemic spreads, we all have to make changes in our lives. However, the confidence is still there, the passion is still there, and the love we share for our friends and families is still there.

➤ The plastics industry produces many parts for ventilators, but we need more than just parts to make a machine, we need the automotive industry or the medical device industry to put them all together. I believe that the companies and people of the United States share the same passion, and that these industries are willing to take responsibility just as the plastics industry has. Although many companies in these industries have not constructed ventilators before, I have faith that they will quickly learn and dramatically increase our nation's ventilator's production. Time is of the essence.

➤ Can you believe that a small mask is the focal point of the cultural collision between the East and West? Eastern culture has the rationale of Eastern thinking, and Western culture has the foundation of the Western mind. The challenge for the East to accept the entirety of Western culture is as grueling as it would be to reach the summit Mount Everest. Similarly, the difficulty for the West to fully believe in Eastern culture is as taxing as an attempt to swim across the Pacific Ocean. If we also consider questions of scientific accuracy and popular acceptance, the situation is more complicated. It is possible to reach a partial agreement only by seeking common ground while preserving differences and respecting both cultures. It does not matter who is right or wrong. Defending against disease and preventing the spread of the coronavirus are our first priority.

➢ The time of crisis is also the time to test ourselves. "May we all proceed with wisdom and grace."

(Translated by Lei Rao)

Diana Shao

My Daughter Copes with the London Pandemic

➤ While some countries scolded the British government for "treating life heartlessly", the British people showed rational tolerance and understanding toward their government. "Do not accept lies, but accept the most tragic truth": this is a nation with mature thinking and a strong heart! This reminds me of Gustave Le Bon, a French thinker who studies social psychology. He said: "The masses are not used to seeking truth. Whoever gives them illusions, they let him become their master, whoever destroys their illusions, they will take his life." This statement is obviously not suitable for the British "masses." Knowing the background of Le Bon's words, you know what he is referring to. He is an anti-socialist. The British government's approach is impossible for a group of people who don't like the truth and only like illusions.

➤ Britain was not completely sunless, even in its darkest moments, and my daughter gradually recovered from the initial boredom and frustration. She still works at home and still can't meet friends, but goes running in the park every day now has time to study cooking. I often watch her making Italian past and mushroom cheese soup on the video, which makes one salivate. She also joined a neighborhood mutual help network as a volunteer to provide assistance to senior citizens, vulnerable people, and the families of medical staff. Her assigned task is to help an old person by walking a dog on a regular basis. The old person can therefore stay at home to avoid infection.

(Translated by Diana Shao)

Shelly Shao

Pandemic Notes

➤ In the afternoon, the snow started falling. At the beginning, it came down aimlessly, reached here, there, and nowhere. It was like someone forgetting where they were heading in the middle of a trip, lost, or maybe just blown away by a sudden wind. Looked like it resembled the finale of a show, though I couldn't, in truth, tell when it was starting and when it was ending. I noted with surprise that the sky was turning dark, implacably and dramatically. The snow was falling like the feathers of an old goose, swept by wind over the ground without leaving a trace. As time passed, the size of the feathers became smaller and smaller, eventually as minuscule as the tiny stones which fell on the skylight and then dropped to the ground. As I looked out, it was like a giant curtain, hanging at the edges of my window, one made out of tiny white rocks which reminded me of lines from an ancient Chinese poem: "large and small-size beads fall onto a jade plate countlessly." Luckily, this "Frozen Song" in the month of May was short and stopped abruptly, alarming but harmless.

➤ After midnight, I had a conversation with my mother over the phone. Neither of us mentioned when we would go out and dine together, but we both understood each other at the moment. I knew she would not mind, as always, but I did feel like something hard to swallow was stuck in my throat. There was no way for us to travel together in the summer as we had once planned, not even in the fall. She always reminded me not to focus on the news during our conversations. But how could I not? The news about the virus was everywhere, whenever I checked my phone or browsed the Internet. It was inescapable.

➢ I have tried to avoid reading the New York Times during the past couple of days. I had an unusual hobby of reading the obituaries published in the newspapers. There would be a long article covering the person's life, if they were considered significant. And usually, even if someone had led an utterly mundane life, their family and friends would write a few lines about them. There had been more than 100,000 deaths due to COVID-19 between the beginning of March and the end of May in the US, and every one of their names had been published in The New York Times. Actually, this number was just an estimate. In some states, such as NY and NJ, people who passed away without being able to access COVID-19 testing were included as well. It's due to COVID-19 that this year's death rate will be higher than in the past.

➢ Before reading through the posthumous messages, I thought the pages would be filled with sadness and helplessness. Instead, people were sharing jokes in those messages, even though the recipients would soon pass away. These recipients left us with kind smiles, peace of mind, and courage to continue facing unknown challenges in the future.

(Translated by Shelly Shao)

Jane Tang

New York's Days of Intimidating Statistics

➤ Every day in New York City, 7 p.m. is the time to clap for health care workers and everyone else on the front lines. Tonight, my daughter opened the window and shouted, applauding and tapping a pot, while I joined in her applause. And then a special event took place. The entire city joined the Peace of Heart Choir for a city-wide sing-along. The Choir is known to have formed shortly after 9/11 with the mission of offering free performances for New York City hospitals, nursing homes, and shelters. This time, the Choir hoped to help all New Yorkers through the "healing power of music." Really, the event turned out to be absolutely inspiring; nothing could have brought a greater sense of solemnity and comfort to lift our spirits than it did. New York was far from being a beaten-down, death-haunted city, because people are maintainging their undimmed inner light amid the pandemic. Tears almost escaped my eyes.

(Translated by Jane Tang)

手（李云枫作品）

Tingke

Jottings during the Plague

➢ You can stay home without going out for a few weeks, but you cannot stop your hair growing. It grows as usual and it looks like sawgrass after a few weeks. Today I have to bring out the tools to cut my son's hair: we will have a Home Barber Shop.

➢ For me, a "Kitchen Mama" who never used barber's tools, using an electrical shaver on my son's head seems more difficult than wielding a knife over a cutting board. So I took my time, making careful movements, and finally got through it with a grade of "pass".

But I shaved too high on both sides and made him a little "girlish" looking. The locks of hair fell one by one all over the floor. Unfortunately I did not prepare talcum, but "Kitchen Mama" always has her way to solve difficulties, in this case by using a handful of flour instead. It works the same way! Luckily my son was not picky and said it didn't matter since he would not go out anyway. Now the "Kitchen Mama" can understand why her own mother asked her cousin to go to the barber shop to fix the places where she did not cut her cousin's hair perfectly.

➢ News came that the number of deaths on the island fell to 16 yesterday. For me, this figure is more meaningful and real than any day in the past, because its death toll included a special friend Mario, who once sang "O Sole Mio" to me.

"What a beautiful day and sun

In serene air after the storm

The fresh air seems like a party

What a beautiful day and sun..."

Mario went to heaven, a beautiful place to sing.

(Translated by Tingke)

Joan Xie

New York in the Pandemic

➢ Since March 14, people started hoarding things. On online videos, Americans in every suburb are seen grabbing all sorts of goods at Costco. Aren't they afraid of coronavirus in such a crowded indoor space? Even though there is no flood or volcanic earthquake, why do they hoard ordinary goods such as toilet paper? It is indeed a crazy world. Could it be that people are intuitively more afraid of what our government will do next? Maybe, stockpiling material goods in the basement would make people feel relatively safe. Hollywood used to launch an end-of-the-world movie every few years. Perhaps, Americans are instinctively learning from those movies what to do in times of crisis. I only have one roll of toilet paper at home. The nearby CVS across the street was sold out. I had to go to one several blocks away to purchase toilet paper. Considering the circumstances, I bought two more bottles of antipyretics in case they proved necessary. Can I really refuse to dance with this crazy world?

➢ I put on a blue surgical mask, took the elevator downstairs. CVS Pharmacy is still open, but with half staff. The shelves were originally open to customers but now are locked, perhaps due to fear of shoplifting. I looked around, bought a bottle of facial cream, walked out of the store, then took off my mask. I found that the mask enhanced my sense of smell. It forces odor into me. The odors, such as the pungent smell of rotten garbage at the street corner, the stench of stagnant water on the pavement, the disinfectant lingering in the air, though undetectable before, are now amplified by the mask. I found myself easily detecting the stench of our world. Even though I have no religious faith, I start to pray to God.

- The number of diagnosed COVID-19 cases is climbing, as well as the number of deaths. With 34% of all corona cases, Queens, a base camp for new immigrants, has become the hardest hit area in New York City. Ironically, amid all districts in Queens, a neighborhood called Corona (from Spanish) has more fatal cases than others, as if coronavirus is fated for Corona.

- Out of Manhattan, No.7 train no longer crawls underground. It runs high above Roosevelt Avenue, rumbling between the blue sky and white clouds and a long row of prewar red brick apartment buildings.

- Imagine a group of people who cannot speak English but must take the subway to work day and night in order to feed their families, with no green card or medical insurance; for them, you know that social distance is an empty word. Why not gift everyone with a big box of masks. The virus spread rapidly among the crowds until...Maybe, we shouldn't worry too much. In Queens, real immigrants are living, not pampered students from abroad. Those people live hard and die hard. If not, they wouldn't have survived their hard journeys crossing the seven seas.

(Translated by Joan Xie)

Jessica Xu

The New Normal of Our World

➢ While I'm writing this article, the rumor that most of the Chinese supermarkets will be closed in the coming days is confirmed by World Journal. It has been circulating on WeChat the whole day. As new immigrants, Chinese Americans always sacrifice their safety to make a living. That's why I believed they would be the last ones to close in this pandemic. However, because the drivers and cashiers are too worried to come to work, the supermarkets have no choice but to shut down. This is not the world we know anymore

➢ The pandemic not only exposed hidden problems in the US healthcare system, but also showed how far the US is behind other countries in terms of online shopping and shipping. There are only a couple of websites where you can order fresh produce and you have to wait for more than a week for them to be sent to your home. If you wait until your refrigerator is empty to order your food, you will starv to death. For Chinese supermarkets, their business was so good that they didn't bother to build an online shopping system. Now they can only rely on WeChat to manually collect orders.

➢ When everything is facing so many uncertainties, only the stocked refrigerator and a good supply of PPEs can give you a sense of security.

(Translated by Jessica Xu)

Qiu Zhu

New York Journal Entries from April-June, 2020

➢ Whether sitting behind a windowpane in my room, or standing outside to gaze at distant hills, I find myself looking at two birch trees in front of my room. In less than a month, I have seen them go through changing conditions of sunshine, rainfall and snow flurries. Each day the birches are tossed by breezes; each day they go on standing quietly.

➢ I have gradually come to feel that some people, like trees, stand alone and detached from the world, but trees--compared to people--are more established in their own self-nature: they undergo the assaults of wind and frost, yet always stand sufficient unto themselves. Human beings need to make an effort to raise themselves from emotionality and from intellectual systems before they can establish self-sufficiency in realms of truth, aesthetics and language. Even so, they still cannot arrive at the humble and undisturbed self-nature of a tree. Is it because trees do not have thought and emotions? Yet in a tree's poise between stillness and movement we can find affective beauty, even though a tree's self nature never needs to chase after it.

➢ Here in America, it is fair that any cultural tradition should be subjected to selective treatment. This fair principle is based on one requirement: a cultural resource needs to be useful for the people of today, regardless of how great it was in the eyes of ancestors. When something is worthy of admiration, no matter which culture it comes from, it will be valued. Thus China's time-honored ink-painting is admired in America, but for the time being there is no esteem for China's contemporary art. Perhaps this is because it has not reached the stage of having something inimitable to offer.

➢ America was founded upon the puritanical spirit of natural deism, which emerged from a Calvinist re-framing of Judeo-Christian beliefs. Even so, America does not subscribe to a fundamentalist view of white, European culture. In a sense, it functions as a mechanism for selecting from national cultures of the world, based on pragmatic principles. This point is not understood by once-glorious, mono-ethnic nations that wish to take a place among the strongest world powers.

➢ I came to New York four months ago. First I encountered natural disaster, then human calamity, and after that the cancellation of air travel. Three months ago arrangements were made for an event of unique significance; now we see their fruition in the form of a picnic where works of pandemic art will be judged. Thus we see genuine feeling In the midst of calamity. During these days of turmoil in New York, I have benefitted from the concern and support of well-wishers. I have also received tremendous help from fellow art lovers within China. Although our nation's institutions suffer from a number of problems, these calamitous months have made me aware that political reversals have not erased Chinese people's tradition of lending a helping hand; our ideals of justice and art have not disappeared, for they go on existing in every person's heart. Such a precious spiritual orientation in some respects outshines even the culture of the West. There is no reason we should not have confidence in the good side of Chinese tradition and in China's future. Darkness and evil will be wiped away from the face of this land.

(Translated by Denis Mair)